四次元の扉が今開かれる

episode. I

世界のセレブを魅了する「サイキック・カズ・エナミ」

マナミ・グレース
Manami Grace

駒草出版

まえがき

私たちの愛する地球は、ここ二、三年の間に物凄いスピードで環境破壊が進んでいる気がします。

さらに、天変地異などの破壊が国により集中したり、最小限にとどまったり、その被害の差が違うのはなぜなのでしょうか。そんな素朴な疑問が私の脳裏から離れなくなってしまいました。

私は、超能力パワーを学ばせていただいているカズ・エナミESPヒーリング研究所の所長であり、また、師匠でもあります、信頼するサイキック・カズ・エナミ氏にこの件に関して質問、相談をし

7／30

DANCING CANDLE SERIES

COLLABORATION KATO BUSSAN ;&Co.

ましたところ、「地球に起こる出来事、天変地異が『京都議定書』と深く関連していることが分かってきました」と教えられました。

私はなぜ「京都議定書」が原因となり、それが天変地異とどのようにリンクしているのか非常に興味を持ち、また疑問を持ちました。そしていろいろと探求してみようと思いました。

その探求が、本書の中心となる部分であり、四次元の扉を開くサイキック・ヒーリング・アートのその不思議なる秘密と謎なのだと思います。

さあ、一緒に四次元の扉の前に立ち、勇気を持って扉のノブに手をかけてみましょう。

目次

第1章 四次元の扉を開く

第2章

神々の棲まう国

第3章

目に見えないものの存在

第１章

四次元の扉を開く

I

二〇一二年を生き抜くための鍵

ある日、私は本棚から一冊の本を取り出してパラパラと読み返していました。その時そこに書かれているフレーズに目がとまった。

「この宇宙を動かしているのは、混乱ではなく秩序です。その一部である私たちの人生や社会を根底で支配しているのも同じ秩序であり、それは、不正義や不公平さではなく、正義と公平さの上に成り上がっているのです。

私たちを取り巻く環境は、真の私たち自身を映し出す鏡に他なりません。

私たちの環境をつくっているのは、私たち自身である。

私たちは、よい結果に狙いを定めながらも、その結果と調和しない思いをめぐらす事によって、その達成をみずから妨害し続ける傾向にある。

遅々とした歩みの中でも、忍耐を崩してはならない。理解する者として待つことだ。気高い心が立ち上がり命じたならば、神々は必ずそれに応えてくる」

この本は、私の好きな本の中の一冊で、英国が生んだ謎の哲学者、ジェームズ・アレンによって、ほぼ一世紀前の一九〇二年に書かれました。しかも世界中で今なお着実に売れ続けていて、後の欧米の自己啓発を題材とする作家たちに強い影響を及ぼし、彼らの本を通じても数多くの人々を勇気づけてきました。現代成功哲学の祖と知られているナポレオン・ヒル、デール・カーネギー、アール・ナイチンゲールらを筆頭に、このジェームズ・アレンの『「原因」と「結果」の法則』は自己哲学文学の作家たちがこぞってその内容を引用しています。

私がこの本に初めて出会ったのは、一〇年近く前になります。読み返すたびに、まるでバッハの平均律の曲を聴いているように、すーっと心が整理され、落ち着いてくるのです。

前述したフレーズに目がとまり、以前にサイキック・カズ・エナミ氏（サイキックを教えていただいている師匠であり、通常、エナミ先生とお呼びしていますが、文中ではサイキック・カズ・エナミ氏と呼びます）が、「これから、特に二〇一二年から二〇三六年への未来に起こる出来事のキーワードは、『京都議定書』にあるよ」と言った言葉を思い出しました。

私はその話を聴いた時はよく分からず、気づいてもいませんでしたが、環境問題に直接働きかける世界の国々の課題として、「京都議定書」の重要性とその奥底に潜む真の意味を私なりに解読してみました。

すると、もうすでに始まっている天変地異を、他の国の出来事として、ただ傍観している場合ではない事を切実に感じるようになったのです。

私は、サイキック・カズ・エナミ氏から、この内容やテーマについて書き続ける事が、私の使命（ミッション）である、と言われているので私なりに紐解いてみました。

まず、「京都議定書」と世界の国々の関連に焦点を当ててみると、見えてくるものは国独特のカルマです。つまり、国と国のエゴイズムのぶつかり合いでした。

「京都議定書（Kyoto Protocol）」とは、ご存知の通り、気候変動枠組条約に基づき、一九九七年一二月一一日に京都市の国立京都国際会館で開かれた第三回気候変動枠組条約締約国会議（地球温暖化防止京都会議、ＣＯＰ３）で議決した議定書で、正式名称は、「気候変動に関する国際連合枠組条約の京都議定書（Kyoto Protocol to the United Nations Framework Convention on Climate Change）」となります。

この「京都議定書」の第三条［数値目標］では、〈附属書Ｉの締約国は、二〇〇八年から二〇一二年までの約束期間において、附属書Ａに掲げる温室効果ガスの総排出量を一九九〇年レベルから少なくとも五％削減するため、個別に又は共同で、自国の当該ガスの人為的な二酸化炭素換算総排出量が、附属書Ｂに記載される数量化された排出抑制及び削減の約束に従いかつこの条の規定に従って計算された自国への割当量を超過しないことを確保する〉と定め、続く第四条［バブル（共同達成）］では、〈第三条の約束を共同で達成することに合意した附属書Ｉの締約国は、附属書Ａに掲げる温室効果ガスの人為的な二酸化炭素換算排出量の合計が、附属書Ｂに記述される数量化された排出抑制及び削減の約束及び第三条の規定に従い計算された割当量を超過しない場合に、当該約束を達成したとみなされる〉とし、付属書Ｂに示された数値は次のようになります。

九二％（マイナス八％）――オーストリア、ベルギー、ブルガリア、チェコ、デンマーク、エストニア、フィンランド、フランス、ドイツ、ギリシャ、アイルランド、イタリア、ラトビア、リヒテンシュタイン、リトアニア、ルクセンブルグ、モナコ、オランダ、ポルトガル、ルーマニア、スロバキア、スロベニア、スペイン、スウェーデン、スイス、イギリス（欧州連合一五箇国……一五箇国はＣＯＰ３開催時点での加盟国数）

九三％（マイナス七％）――アメリカ合衆国（離脱）
九四％（マイナス六％）――カナダ、ハンガリー、日本、ポーランド
九五％（マイナス五％）――クロアチア
一〇〇％（プラスマイナス〇％）――ニュージーランド、ロシア、ウクライナ
一〇一％（プラスマイナス一％）――ノルウェー
一〇八％（プラス八％）――オーストラリア
一一〇％（プラス一〇％）――アイスランド

なお、欧州連合は京都議定書第四条の下で共同で削減をおこなうこと（バブル）が認められている。欧州が採択するバブルでは、欧州連合一五箇国のそれぞれの削減目標がEU指令で定められている。このEU指令下では、京都議定書策定以前から技術のみに依存するのではなく、化石燃料を使わない方法で化石燃料由来排出量を減らしてきた北欧諸国などが、「京都議定書」の目標値を緩く設定されており、例えば具体的な成果を挙げているスウェーデンなどはプラスマイナス四％が認められ、国によっては相応の評価がなされている。

第二五条［効力発生］では、〈1　この議定書は、附属書Iの締約国の一九九〇年の二

酸化炭素排出量の合計の少なくとも五五％を占める附属書Ⅰの締約国を含み、五五箇国以上の条約の締約国が批准書、受諾書、承認書又は加入書を寄託した日の後九〇日目の日に効力を生ずる。２　この条において、「附属書Ⅰの締約国の一九九〇年の二酸化炭素排出量の合計」とは、条約第一二条に従って提出された第一回の国別報告書において、この議定書の採択の日以前に附属書Ⅰの締約国により通報された量とする〉としているため、世界最大の温室効果ガス排出国のアメリカ合衆国が国内事情により締結を見送っているのです。

先進諸国の中で唯一京都議定書から離脱しているアメリカ合衆国政府は、産業界の自己経済利益のみを追求する考え方に基づき、取り組みを拒否しているとの非難を国内外から浴びている。同様に離脱していたオーストラリアでは世論の高まりを受けて総選挙により政権交代し、直後の二〇〇七年一二月に批准しました。

なお、日本では二〇〇二年五月に国会で承認され、二〇〇四年六月四日国際連合に受諾書を寄託しています。

この「京都議定書」を批准することにより、初めてその国が環境問題を改善していく事になります。とにかく、なるべく早く排出量を減らす事が目的なのです。つまり一刻も早く批准する事が何よりであり、その国の態度を表明した事になるのです。

この点において日本は、早めに批准したので、大切な地球に対して、そしていつも見守っている宇宙に対してその態度を表明した事になるのです。

そして、「京都議定書」については、様々な説や意見もあるし、「地球温暖化」を唱える科学者や研究者に対して「地球寒冷化」を唱える科学者もいます。ここでそのどちらが正しいかを述べるつもりはありませんが、「地球寒冷化」も大いに考えられる事だと思っています。

・署名……締約国数
・署名国……四箇国
・締約国……一七二箇国
・排出量……六三・七％

署名および締結を行なった国（八一箇国）

アイルランド、アルゼンチン、アンティグア・バーブーダ、イギリス、イスラエル、イタリア、インドネシア、ウクライナ、ウズベキスタン、ウルグアイ、エクアドル、エジプト、エストニア、エルサルバドル、オーストラリア、オーストリア、オランダ、カナダ、韓国、キューバ、ギリシャ、グアテマラ、クック諸島、コスタリカ、サモア、ザンビア、スイス、スウェーデン、スペイン、スロバキア、スロベニア、セイシェル、セントビンセント及びグレナディーン諸島、セントルシア、ソロモン諸島、タイ、チェコ、中国、チリ、ツバル、デンマーク、ドイツ、トリニダード・トバゴ、トルクメニスタン、ニウエ、ニカラグア、ニジェール、日本、ニュージーランド、ノルウェー、パナマ、パプアニューギニア、パラグアイ、フィジー、フィリピン、フィンランド、ブラジル、フランス、ブルガリア、ベトナム、ペルー、ベルギー、ポーランド、ボリビア、ポルトガル、ホンジュラス、マーシャル諸島共和国、マリ共和国、マルタ、マレーシア、ミクロネシア、メキシコ、モナコ、モルディブ、ラトビア、リトアニア、リヒテンシュタイン、ルーマニア、ルクセンブルグ、ロシア連邦（EU）

署名のみの国（三箇国）

アメリカ合衆国、カザフスタン、クロアチア

締結のみの国（九二箇国）

アイスランド、アゼルバイジャン、アラブ首長国連邦、アルジェリア、アルバニア、アルメニア、イエメン、イラン、インド、ウガンダ、エチオピア、エリトリア、オマーン、ガイアナ、ガーナ共和国、カーボヴェルデ、カタール、ガボン、カメルーン、ガンビア、カンボジア、北朝鮮、ギニア、ギニアビサウ、キプロス、キリバス、キルギス共和国、クウェート、グルジア、グレナダ、ケニア、コートジボワール、コンゴ共和国、コンゴ民主共和国、コロンビア、サウジアラビア、シエラレオネ、ジブチ、ジャマイカ、シリア、シンガポール、スーダン、スリナム、スリランカ、スワジランド、赤道ギニア、セネガル、タンザニア、チュニジア、トーゴ、ドミニカ国、ドミニカ共和国、ナイジェリア、ナウル、ナミビア、ネパール、ハイチ、パキスタン、バヌアツ、バハマ、パラオ、バーレーン、バルバドス、ハンガリー、バングラディシュ、ブータン、ブルキナファソ、ブルンジ、ベナン、ベネズエラ、ベラルーシ、ベリーズボスニア、ヘルツェゴビナ、ボツワナ共和国、マケドニア共和国、マダガスカル、マラウィ、南アフリカ、ミャンマー、モーリシャス、モーリタニア、モザンビーク、モルドバ、モロッコ、モンゴル、ヨルダン、ラオス人民民主共和国、リビア、リベリア共和国、ルワンダ、レソト、レバノン

※ＥＵ……ＥＵ加盟のうち旧一五箇国（二〇〇四年五月拡大前）は、ＥＵバブルとして共同でマイナス八％の削減約束を負っている。

なお、批准を拒否している米国は、二一九都市が独自に「京都議定書」を批准しています。

「京都議定書」は国家間での排出量取引のみを定めていますが、より効果的な温室効果ガスの削減が可能な国内での排出量取引もおこなわれつつあります。しかしながら、排出量の上限を最初にどのように公平に割り振るかが問題であり、一律に割り振ると、すでに省エネを徹底していた企業が損をするという問題が生じてきます。このため、オークション方式で排出権を購入する方式が広まりつつあるが、当初の購入資金が負担となる事や、価格の変動による経営リスクが生じる事が問題とされています。

日本の削減量の内訳と現状

日本の削減量七七％については、一九九〇年（代替フロンについては一九九五年）を基準としている。また、京都議定書目標達成計画で、それぞれの温暖化対策要素ごとに削減目標を定めている。仮に達成できなかった場合、二〇一三年以降の削減目標にペナルティが上乗せされるなどの罰則の適用を受ける事になる。しかし、二〇〇七年度の国内の排出量は逆に基準年に対して九％上回っており、現状から約一五％の削減が必要となっているのです。約束期間に突入しても対策はまったく進んでおらず、二〇〇七年の排出量は前年比で二・四％の増加となっていて、減少に転じる気配すら見えません。

目標を達成するために七〇〇〇億円以上、場合によっては五兆円以上の排出権の購入を迫られる事が危惧されています。

ここで、世界の国々について見ていくと、世界最大の温室効果ガス排出国であるアメリカ合衆国は経済発展をおこなう以上、多量の二酸化炭素を排出するだろうと考えられたため、発展途上国の自発的参加が見送られ、当初は批准していたアメリカ合衆国も後に受け入れを拒否し、ロシア連邦も受け入れの判断を見送ったため、二〇〇四年ごろまでは議定書の発効がおこなわれていない状況でした。しかし、二〇〇四年にロシア連邦が批准した事により、二〇〇五年二月に「京都議定書」が発効されました。

では、「京都議定書」を中心にして繰り広げられる、国と国とのカルマとは何なのだろうか？

もともと、「京都議定書」の目標は、「温室効果ガスを削減して、地球全体の環境を守っていこう」というもので、「富める国も貧しい国も一丸となって、人類のためにも、協力し合いましょう！」という思いが根幹にあります。それなのに、協力しましょうと言って署名をしただけの国や、削減していきますとお約束したけれど、署名をしていない国、署名もして締結をもおこなった国、に今でもそれぞれ分れています。

国のプライドのためだけに動いた国もあれば、着々と削減し続けて、すでに目標削減値を達成している国もあります。

一人ひとりの人間がそうであるように、各国の態度や信念も様々です。一人ひとりが、その人生の中で違うカルマを背負い、学び、生きて、解決していきます。

人は、一生のうちに人と人同士の中で関わり合っていきます。国と国も同様です。個人のパーソナリティと同じで様々ですが、その国の主権を握っているのは、その国にいる人々の総意なのです。

人もそれぞれのカルマを背負い、国もその国に残されているカルマを背負っています。国も、その国独特な土壌・文化・歴史・人種のルーツ・経済状態などを抱えながら、発展していったり、衰退したりしています。人はカルマを一生の中で昇華していきますが、国自体も、そのカルマを学び、解決へと導き、昇華させていかなければなりません。

この「京都議定書」により、国のカルマを昇華していく時期にきていると言えるでしょう。そして、この環境問題は、国と国との地球規模で解決へと導き、未来を担う、今これから大人になっていく子どもたちのためにも、宇宙からのギフトである地球の素晴らしい自然を守っていくためのものです。

しかし残念ながら、ある一握りの利益を追い求めるがために、表向きに示す国と国との取り引きにおいて、非常にエゴイズムのぶつかり合いをしているのが、現状なのではないでしょうか。世界各国がこのような状況では、いつまで経っても環境問題は経済問題に絡まったままで、国のカルマはなかなか昇華していきません。

エゴイズムやプライド、嘘やごまかし、利欲追及によって、本音が言えなくなってしまっているのです。

表向き、国をよくみせても、その内側が、嘘やごまかしでつくられているのなら、その国の国民はうまく操られ、相対する国に対しても、ごまかす事ができるのかもしれません。しかし、宇宙だけは、見抜いているのです。今まで宇宙は、嘘やごまかし、善と悪を大目に見て、見過ごしてきましたが、もはや、あまりにも人間の持つエゴイズムの強い考え方やその心を国単位で粛正し始めているのです。

その最たる関連事項は、この「京都議定書」をめぐる国の態度と信念なのです。ある国は政治的に破壊したり、ある国は天変地異が起こったり、また、ある国は経済破綻に陥ったり……。宇宙が下す粛正の方法は、国によっても違うだろうし、その国の民族が背負うカルマによっても違うでしょう。

そして、粛正によって、七箇月に一回の割合で、その国にとっての異変が如実に現れてくるでしょう。例えば、締結のみの国、アイスランドは火山活動による火山灰の影響が出ました（二〇一〇年四月）。ギリシャでは、通貨単位の間違えが世界同時株安を引き起こし、世界が混乱し、ギリシャ危機（二〇一〇年五月七日に株暴落）が起こりました。

もともと、ユーロ通貨を統一した理由には、戦争を二度と起こさないようにとの意味もあり、ＥＵが通貨同盟を結んだのです。そのバランスを崩す事柄が起きたのです。ギリシャは、「京都議定書」に署名および締結をおこなった国ですが、温室効果ガス排出量削減の目標値は二五％なのです。つまり、締結および署名をしている国であっても、定められた削減に対して真摯な態度と信念を持って対処しているか否かを宇宙は評価しながら、様々な方法で粛正をしていくのです。

この先も、多少の誤差はあるかもしれませんが、ゆくゆくは「京都議定書」に関連する国と国とのエゴイズムから生じる矛盾によって、次々と宇宙が明らかなる粛正をしていくと考えられます。

この粛正の儀式を一時的にでも中断する事ができるような、そして、また、宇宙に応える事ができるようなムーブメントをつくっていきたいと思っていた時、サイキック・カズ・エナミ氏から「四次元の扉を開ける絵ができたよ」という報せを聞き、どのような絵なのだろう、と期待と好奇心でいっぱいになりました。そして後日、サイキック・カズ・エナミ氏から、私にとって大変ショッキングな内容の宇宙粛正ビジョンのお話をお聴きしました。このまま地球全体が突き進むと、人類にとって最悪な事態に遭遇する事になるでしょう。しかし、人類全体の意識が変われば、最悪な事態は避ける事ができるのではないでしょうか。私も人類全体の意識変革に最大限の努力を惜しみません、世界平和のため、ムーブメントを起こしていきたいと考えております。

そのサイキック・カズ・エナミ氏からお聴きした、宇宙からの粛正ビジョンについて、もう少し詳しく述べてみましょう。

実は、「二〇一二年以降に、地球はフォトンベルトに突入し、さらに地球環境が悪い方向へ向かうのと同時に、二〇一八年には、謎の天体『ニビル星』が率いる直径四kmの星が地球に衝突してくる」という予測が科学的にも確認されています。そしてさらに、「二〇三六年には『ニビル星』が率いる三つの星が、やはり衝突してくる」のです。

考えてみてください！

地球がどうなってしまうのかを。何人が命を落とすのでしょうか。地球の全人口を約七〇億人として、二〇一八年の第一回目の「ニビル星」の衝突により、四二億人の命が失われる事となるでしょう。生存者は二八億人と推定されています。

そして二〇三六年の第二回目の「ニビル星」が率いる星たちが、今度は三つ巴となって、地球に衝突する事により、全人口二八億人中二二・四億人の命が失われる事となり、生存者は五・六億人と推定されています。

どうしてこのような事が起きるのでしょうか？

それは人間が今まで目に見える事象や現象のみを追求していた事、エゴイズム原理による効率第一主義を延々と続けてきた歪みが、大宇宙のリズムを少しずつ狂わせてしまっていたからなのです。

しかし皆さん！

私たちの子孫が生き続けていくだろう未来で、今現在すでに起こるだろうと予測できている「衝突」という事象をそのままにして、何の手立てもせず、途方に暮れるだけの世界（未来）にしてしまって本当にいいのでしょうか。

いいえ、決してよくありません。

この衝突を避けるために必要な事は、地球に住む私たち「人間の意識」の改革です。今通常の生活を営む上でぼやけている私たち人間の意識を改めさせるために、宇宙は、この「衝突」という事象を私たちに経験させようとしているのです。「皆さんの意識」がよい方向へと改革されていけば、宇宙エネルギーと人間エネルギーの融合が生じ、そのエネルギーと地球エネルギーとのバランスがとれて、最悪の事態である「衝突」も避けられるのではないでしょうか。

あなたは生き延びたいですか？
あなたは生き延びる事ができますか？

生き延びる事ができる方たちは、最終的には全世界で二〇〇〇人だというビジョンが見えるとサイキック・カズ・エナミ氏は言います。その善良な二〇〇〇人から種の再生が始まるのです。日本太古の歴史の謎とリンクしている事が明らかになっていく事でしょう！

「日本は謎に包まれたミステリアスな国であり、民族である」と断言できます。

定員が三〇〇〇人乗船可能な現代における「ノアの箱舟」のような宇宙船で、一〇〇〇人を日本人が占め、二〇〇〇人の日本人以外の人々を率いて、一〇〇〇人の余力を残して、APO《ア・ポ》というスペースコロニーに乗り、二〇〇〇人が別の惑星へと旅立つのです。その中には、人類が生存していくための食料となる牛、鳥、豚、ヤギなどや愛玩動物《ペット》なども含まれ、人間やその動物たちは初めて一〇〇〇年の時を寿命として与えられます。その一〇〇〇年の間は一切歳を取らず、遺伝子を保存して他の天体（惑星）に私たちのコピーを移住（移植）させ、その種族が生き延びる事ができるのかどうかを試されるというビジョンが見えているそうです。

それではここで、生き延びるヒントについてお話しします。

あなたは生き延びる事ができますか……。

それとも、まだ生きていたいですか。

北米の少数民族であるホピ族の魂からのメッセージがあります。スピリチュアルな世界を少しでも理解している方々はもちろんの事、さっぱり分からないという方々にも知っていただきたい事がたくさんあります。私はそれをぜひ皆さんにお伝えしたいのです。

最初に二〇一二年についてです。世界の科学者も地質学者も天文学者も危惧している二〇一二年をあなたはどのように生きているのでしょうか。

経済を深追いし、物質を中心に考え過ぎる地球に住む人々、地球人。美しい地球、美しい国々、美しい自然、美しい空、海……その素晴らしさは、感動の一言では言い表せないほどだと想像できる地球。この地球が今、科学の進歩とともに枯渇しようとしている。そして人間の心も枯渇しようとしています。まるで地球と人間の心とが同調しているかのように……。

地球の異変は目に見えてくるでしょう。世相は、常識であるべき事が実は違っていたというショッキングな出来事が表面化し、人々をさらに混迷に陥らせるかも知れません。

自然は厳しいけれど、無駄な事はしません。ところが人間は宇宙の法則に反して、物質主義のために人を傷つけたり、殺したりして、取り返しのつかない事を簡単にやってのけます。私たち地球に住む地球人は、一体どこに向かって進んでいくのでしょうか。二年後に迫る二〇一二年までに、人々は自らを試され、自らの選択により、進むべき道を選ぶ事になるでしょう。


あなたは今の自分を愛していますか？

あなたは今の自分を認めて許していますか？

あなたは現世に何のために生まれてきて、何のために生きていますか？

あなたはこの広く果てしない宇宙の中の地球にいて、宇宙人が存在すると思いますか？

あなたはＵＦＯの存在を信じますか？

以上の質問の中に二〇一二年を中心に、目の当たりにするすべての事象に対する準備と覚悟と信念と勇気、そして地球人としての姿勢と磨かれた魂が試される重大なるヒントが含まれています。

現時点では三次元です。二〇一二年に向けて四次元から五次元へと移行していくのです。何の事か分からない方のために補足すると、地球全体が二〇一二年にフォトンベルトに突入することで、宇宙エネルギーが地球全体に降り注ぐ状態となり、その時までに、いわゆる「よい波動」「ポジティブ思考」「深い慈しみと愛を人類とその他のすべての自然に対して与える心」を備えていない人間は、淘汰されていく可能性が高いと言われています。

つまり、次元が切り替わるという事は、現在の粗い三次元レベルの粒子から、細かい粒子となっている事が生き延びるヒントなのです。宇宙エネルギーを浴びても「大丈夫な細胞」になっていないと、当然身体に不調をきたしてしまいます。

人間もエネルギー体です。霊が見える人とまったく見えない人とがおりますが、霊が見える人の方が、より細かい粒子を持ち合わせていると言えます。見えない人は、固定観念が強く、粒子が粗いのでしょう。今、二〇一二年に向けて次元のレベル、つまり、粒子のレベルを人間が宇宙に合わせていかなければならない時期に入っているという事です。

このフォトンベルトの光の粒子は、ある学者によるとトップクォークよりも小さい粒子としていて、非常に細かい粒子のため、例えば核融合施設でもその光の粒子が透過してしまうそうです。厳重に鉛で遮蔽してもこの透過を防ぐ事は難しいというのです。

そうなると、どうなると思いますか?

核が反応し、核融合化が起こります。

世界各地の核施設で放射能漏れや爆発事故が起こる事が予測できます。これは大変な事態です。防ぎようにも手段のない状態に追い込まれてしまいます。この事態を皆さんはどう思われますか?

それでは人間の人体への影響を考えてみましょう。今まで病気だった人や死にそうだった人が、元気になったり、奇跡的に回復したり、逆に、今まで元気で病気などの心配がなかった人が突然体調を崩してしまうなどという事が考えられます。例えて言うと、目の細かいザルで小麦粉をサラサラと漉していく作業があるとします。そうすると固まってダマになった小麦粉は残ってしまいます。つまり、人間の体に光の粒子が透過する事により、今までによい状態であった細胞が、その粒子によって影響を受けて変容し、悪い状態へと変化していきます。また、ある人の体では、今までに悪い状態の細胞が、その光の粒子が透過する事によって、よい状態に活性化していく事になります。もちろん体の細胞レベルだけではなく、体全体に細胞と連動し、張りめぐらされている神経にも影響を及ぼし、鬱状態の人々が増えていく事も否めないのです。

ですから皆さんには早く気づいていただき、この混迷を極める時代を力を合わせて協力し合って欲しいのです。人間は素晴らしい生命体であり、心を持った優しく美しい存在なのです。古代より、人間は歴史上の出来事から学び、文明を築いてきました。それなのに一体どうしてしまったのでしょうか。悩みは誰にでもあります。鬱になる必要はないし、わざわざ自殺をしなくても、いつか時がきたら死ぬのです。与えられた寿命を大切に生きて、人生をまっとうしましょう。この本を読んでくださった方々は、今からでも間に合います。

アセンション（次元上昇）するには、何か特別な事や方法で行動を起こさなくてはならないという訳ではないのです。ペットを散歩させる事を楽しんだり、森林浴をしたり、趣味の絵や音楽や読書などを心から楽しんで時を大切に過ごすという事がアセンションするに等しい事なのです。

最近では流行のパワースポットに行くのが好きな方もいらっしゃるかもしれませんが、かえって自分と合わないパワースポットに行ってしまった事による影響もあるため、お勧めばかりはできません。もちろんその場所の歴史や地域の文化を併せて楽しむという事であれば、それも一種のアセンションになるのかもしれません。

私たちを取り巻く日常に感謝し、自分を取り巻く人々や物事に感謝し、食べ物に感謝し、自分にも感謝をする。日常の中には、非日常も含まれながら時は刻まれています。とにかく感謝をする気持ちを忘れない事が大切です。昔はよかった、あの時は、などと過去に囚われる事なく、今の真の自分を見つけ出して、真の自分を取り戻してください。大変な状況や環境にある方もいらっしゃいますが、決して諦める事なく、感謝を忘れずに前向きに生きていきましょう。

気持ちの持ち方一つで、すべてのマイナスな事柄から解き放たれます。「物ではなく、いかに心を豊かに保つか」が重要な時代です。

ここでホピ族の予言書から一節をご紹介いたします。ホピ族の当時最長老だったダン・エヴェヘマは、一九九九年に一〇八歳で亡くなる前に「人類へのメッセージ」の中で彼らの言い伝えへの見解を次のように明らかにしました。

「今、私たちは、小さな道のまさに瀬戸際にいる。この事が起こると古代の予言書の中で教えられてきたのだ。誰かが月に行く事を試みる。そして彼らが何かを月から持ってくるであろうと言われ、そして、それから自然がバランスを失う兆候が見られるであろうと言われてきた。今、それが起ころうとしているのが見える。洪水、干ばつ、地震、そして大きな嵐が起こり、たくさんの苦痛の原因となっている」

この予言書では、過去一〇〇年の出来事をも示し、様々な事に言及している。

「初めに大きな戦争が起こり、それから第二の戦争、そして血の海に沈んでいた太陽が昇る時、ついに鉤十字がヨーロッパの戦地に立ち上がる。地球が二つの世界戦争の後に、地球は三回揺れるだろう」

しかし、ホピ族の予言書は「どのように揺れるのか」について述べることを急にやめています。なぜ急にやめたのかには、訳があると私は思う。

地球が三回揺れるとは、第三次世界大戦の核戦争があるのか、あるいは、宇宙の天体の接近や衝突などが予測されるのか、とにかく「地球が揺れる」という言葉は、ただの地震という事ではないでしょう。

実は宇宙のデータバンク（サイキックによるビジョン）からのメッセージがあり、「古代シュメール人が名づけた『赤い星（ニビル星）』が引き金となり、二〇三六年にそのニビル星が三つの星を率いて地球を目がけて三つ巴となり、次々に衝突する」と予測されます。その三つの星は、エロス星（直径四km）、アポリス星（直径三〇〇m）、スウィフト・タトル彗星（直径一〇km）の三つと予測されています。

二〇一二年一二月二三日にフォトンベルトの洗礼を受けて体質が変わった人たちは、生き延びる事ができるでしょう。

日本人の中で放射能を浴びても大丈夫な体になる数は、一〇万人のうち一人のようです。

当然ですが、まだ誰も二〇一二年は経験していません。地球の一部である私たち人間の一人ひとりの意識改革が、新たな道を切り拓いていく事になっていくでしょう。スピリチュアルな存在とは、究極の所人間そのものなのです。

本当の所はまだ分からない事がたくさんあり、そして素晴らしい可能性を秘めているのですから……。

二〇一二年に試されるのは、「私たちの心と行動」である事を忘れずに、その意識を持って、共に歩んで行きましょう。

もう一度、お聞きします。

あなたは、その時、生き延びる事ができますか？

これから起こる出来事は、「京都議定

8／30

DANCING CANDLE SERIES

COLLABORATION KATO BUSSAN ;&Co.

書」に関連があるのです。皆さんの心の眼で確かめていってください。そして勇気をもって、四次元の扉を開けましょう。

Ⅱ

サイキック・カズ・エナミの誕生

ここで私の師匠であるサイキック・カズ・エナミ氏が幼少期に経験した事、いかにして特殊能力に目覚めていったかの過程などをお伝えしたいと思います。

※※

幼少期は、子どもながらに「他の子と何か違う」と悩み、黙って隠れていても数え切れぬほどの視線の渦の中に絶えずさらされる少年期を過ごしていました。家でテレビを眺めている時が唯一の心の拠り所でした。学校などが休みの日は、時間の許す限り、朝からテレビを眺めて過ごすテレビ少年でした。

そんな私が、超能力パワーに興味を持ち始めたのは、スプーン曲げで有名なユリ・ゲラー氏が繰り広げる超能力のパフォーマンスに釘づけとなった時からでした。

「世の中にこんな不思議な事もあるのか?」と大変興奮して、夜もあまり眠れなかった事を今でも何かあるたびに思い出します。

その時以来、エスパーとは何者なのか、念力とは何なのか、透視とはいったいどんなものなのか、と疑問を抱き、超能力に関する書物を読みあさりました。大好きな超能力番組も、さらにブームに乗って、多彩なゲストを交えた番組が数多く放送されていました。私は視聴者の一人として大変楽しく眺めていたものです。

月日は流れ、俳優の故丹波哲郎氏が制作した死後の世界を描いた映画『大霊界』が注目を浴び、全国で講演会が開かれるに連れて、死後の世界に興味を抱き、多くの文献を読みあさり始め、本格的な研究の対象となりました。

二〇歳を過ぎた頃から、仏教、キリスト教、ユダヤ教など、各宗教では死後の世界をどのように説いているのか、自分なりに検証して、納得がいくまで考えましたが、そう簡単に答えは見つかりませんでした。また、「UFOや宇宙人は本当に存在しているのか?」などなど、知りたいと思う真実は数え切れず、自分なりの結論さえ出せずに毎日を過ごしていました。

しかし、二五歳の時、突然、不可思議な体験をしたのです。それまでテレビなどの怪奇特集などで、おもしろおかしく眺めているだけだった事が、自分の身に降りかかってきたのです。

それはまだ雪深い昭和五六年の三月の事です。この日、私は友人らに連れられて、観光で長野県白馬村を初めて訪れました。白馬村の奥深い場所には、幕末の頃に建てられた日本家屋を、部分的に改築したペンションがありました。

このペンションで、私は生まれて初めて不可思議な超常現象を体験したのです。

夜中、一人部屋で寝ていると、部屋全体がガタガタッと揺れ、強い地震が起こったのかと思い、ハッと目が覚めました。と同時にまったく身動きできない事に気がつきました。（アレッ、おかしいぞ！　こんな事は初めてだ。なぜ体が動かないんだ！）と自問自答を繰り返していると、普通では見えないはずなのに、襖を背にして横たわっていた自分の後ろの情景が手に取るように伝わってきました。部屋全体がドライアイスを焚いたような冷たさに覆われ、いよいよ（これから何かあるぞ）と覚悟を決めて、全身に力を入れようとしましたが、まったく反応ができませんでした。まったく体が動かないのです。そして私の背中は、全体に大きな氷を突き当てられているように感じ、極寒地獄そのものでした。

声を出そうにも、意に反してまったく声にならず、ただただ、寒さに震え、微動だにできない自分が、そこに存在していました。

まったく見えないはずの自分の頭の真後ろの襖が音もなく（スーッ）と開き、得体の知れない白装束の物体がこちらに向かって並行移動してきたのです。私は心の中で（近寄るな！　寄るなっ！）と叫んでいるのですが、声にはならず、無駄でした。その物体は、横たわっていた私の体の上に（ドスン）と腰をかけるようにして座ったのです。私は、怖々とその白装束の物体を見てみましたが、頭らしきものもなく、束のようなものだけが目に入り、体は存在していないかのように見えました。

動けない体の上にのしかかってきた時には、私は（ついに殺される！）と感じ、今にも窒息死してしまいそうでした。しかし急に自分の心の中で（ここで負ける訳にはいかない！）と思い直し、（なぜお前は初めてここへきた私にこのような事をするのだ！理由を言え！）と問いかけたのです。しかし返答がまったくないので、私は、とっさにお経（私が知り得た最高の経典「法華経」のお題目、南無妙法蓮華経）を心の中で唱えました。しばらくすると、その白装束の物体は、私の体から離れていきました。

やっとの思いで、ホッとして、（これは夢の中の出来事なのだろうか？　はたまた現実の世界の出来事なのだろうか？）と冷静に思案に暮れていた所、再び、あの白装束の物体が瞬時に目の前に現れ、またしても私の体の上にのしかかってきたのです。先ほどより二倍近く重く感じられ、より一層苦しくなりましたが、私は懸命に（なぜお前は、このような事をするのか！　なぜだ！）と厳しく問い続けました。しばらくの間は無言でしたが、急に女の声と思われる苦しそうな小声で、「私は雪の精です……ここの住人が蔵に……積もっている雪……をのかして……くれないので…ごめんなさい、お見それしました……もうしません…………さようなら……」とポツリポツリ、途切れ途切れに語り、立ち去って行ったのです。

すると、今まで周囲一帯に霧モヤが立ち込めていたのが、一瞬にして消え去り、金縛りも解けて急に体が動くようになって、体が楽になりました。その後、私は、しばらく辺り一帯を眺めて、今あった事が何であったのかを確認しようと思いましたが、体が無性に疲れていて、残念ながら動く事ができず、突然睡魔に襲われて、目が覚めた時には朝を迎えていました。

その朝すぐに、ペンションのご主人に昨夜の出来事を話しましたが、まったく聞き入れてもらえず、「では、あれは真夜中に起きた地震だったのでしょうか?」と聞いてみると、「地震は感じませんでした」と言うのです。

私は、そんなはずはないと思い、ペンションの周りを歩き回っていると、家屋の一部がペチャンコになって潰れている箇所を発見したのです。

これが、私が二五歳の時に体験した雪山のペンションでの不可思議な超常現象です。

この不可思議な超常現象を体験した事で、この後、サイキック・コンサルタントとして活動するに当たり、大いに役立てられる事になりました。

この体験を通じ、私なりに学んだ事は、「目に見える、見えないにかかわらず、起きた出来事には何らかの因縁があり、必ず原因が隠されている」という事です。「経験に勝るものはない」と言うように、他人から聞いた話よりも、自分の目で見て、聞いた事の方が、インスピレーションも湧き起こりやすく、またそれが何百倍、何千倍という力として培われていくのです。二五年以上経った今でも、この貴重な体験に日々感謝しています。

平成元年、三二歳の時、サラリーマン超能力者、Tさんがテレビやマスコミに登場しました。Tさんは、重い心臓病を患っている病床の母親を手かざしで、一瞬にして治してしまうというエピソードがありました。私はこの時、人間の持つ温もりあるエピソードとして心の壁に自然とじわーっと沁み渡り、これなら信用できると直感しました。そしてこの時から手かざしヒーリング療法について勉強を始めたのです。

「手の平から本当に目には見えない不可思議な光線が出ているのだろうか」「一瞬にして病気を治してしまう力とは何だろうか」「よく分からないけれど、私もその力を体験できないものだろうか」とそんな期待と不安が交差する中で、〈ひょっとしたら自分にもできるかもしれない〉という思いに駆られていました。そんな折、友人が打ち身で苦しんでいる状況に遭遇し、〈もしかしたら自分の力を発揮できるかもしれない〉と思い、打ち身の箇所に自分の手をかざしてみました。しばらくすると友人が、「打ち身で黒くなっていた箇所が少しずつ取れてきて、さっきまであった痛みがいつの間にかなくなっている」と言い出したのです。半信半疑の顔で友人からそう告げられた時、〈まさか自分にもこんな不思議な力があったのか〉と身震いしたのを覚えています。

人間には誰でも人を癒す不可思議な力が備わっていて、どこかに潜んでいるのだ。テレビに出てくる超能力者やヒーラーと呼ばれる人たちも、まったくと言っていいほど私と変わらないのだ、と感じられるようになりました。

そして、この時からサイキック・ヒーラーになる第一歩を踏み出していたのでしょう。

そしてその後、友人の紹介である女性とめぐり合い、結婚をして、長女が誕生しました。子どもができて以来、人生に対する姿勢が変わり、規則正しい生活スタイルを送るようになりました。また、創意工夫をする習慣が身につき、娘と絵を描いたりするようになりました。その頃からデザインに興味を持ち、独学で西洋アンティークのオブジェを真似て絵を描いたり、思索してみたりして、自分なりの美的感覚を掴む練習を繰り返していました。試行錯誤した後の、三八歳頃、数々の西洋アンティークのオブジェからヒントを得たデザインを考案し、そのデザインで妻と娘のためにお守りのペンダントを製作し始めたのです。（娘がこれからも健やかに育ちますように）という願いが込められて製作されたのが「ミラクルペンダント」の始まりなのです。

時は流れ平成九年、四一歳の時、ニューヨーク在住で世界的に有名なジャズピアニストの秋吉敏子女史と、知人を通じて出会い、意気投合し、家族同士でも親交を深めるようになりました。秋吉女史は、日本でオスカー・ピーターソンに見出され、渡米。作曲・編曲もこなし、一九七五年にリリースされた『ロング・イエローロード』は今でも有名なアルバムの一つです。ジャズピアニストとして世界に名を馳せ、アメリカグラミー賞アーティストで、日本では一九九七年に紫綬褒章を受章。現在もワールドツアーで演奏活動に意欲的で、「音」には非常に厳しい方であると同時に、人間味溢れる素晴らしいアーティストです。娘さんのMonday満ちるさんもまた、同じジャズの分野で世界的なシンガーとして活動しています。

その後、私にアメリカグラミー賞アーティストの方たちの熱狂的なファンができ、グラミー賞アーティスト専属サイキック・ヒーリング・コンサルタントとして、また、サイキック・ヒーリング・アーティストとして活動する事となり、現在に至っています。

III

サイキック・ヒーリング・アートとミラクルペンダント

ヒーリング・ミュージックという言葉は聞いた事があるかと思いますが、ヒーリング・アートという言葉はあまり耳慣れていないでしょう。ヒーリング・アートとは、その絵画によって癒されるという意味を持つ類まれなる表現です。

現代社会では、朝起きてから夜眠りにつくまでの間、常にストレスと向き合っています。そのような中で癒されるアートが身近にあって、自らの体の疲れを癒し、メンタルの調整をし、そして目に見えない世界の存在までもが癒されていくとしたら、どうでしょう。

サイキック・カズ・エナミ氏のサイキック・ヒーリング・アートには、それを可能にする力が秘められています。ひと目見ただけで目に焼きつき、不可思議な印象を残す世界観がそこにあるのです。

私は西洋・東洋を問わず絵画が大好きで、時間が空くと美術館めぐりをするのが趣味の一つです。美術館の一番空いている時間帯を狙い、ゆっくり、じっくりと鑑賞して、気に入った絵画の前では気が済むまで鑑賞し、その絵画の前で、画家の持つエネルギーやカラー・パワーをひたすら感じています。

絵画は音楽と同じで、その時代背景や文化的な影響を受けて、ジャンルも異なってきます。サイキック・カズ・エナミ氏のサイキック・ヒーリング・アートは、「泡が弾ける！」という意を持つポップ・アートのジャンルに含まれます。サイキック・カズ・エナミ氏のサイキック・ヒーリング・アートは、まさに二〇一二年に始まり、その年以降に向けての最新ポップ・アートになるのではないでしょうか。

サイキック・パワーからくるインスピレーションと天界から与えられたミッションで描かれるその絵は、繊細なのに斬新であり、絵の種類によってはモチーフが絡まり合っていくような構図のものもあります。このようにメッセージ性溢れる作品の一つひとつには、宇宙パワーもインプットされているため、他では存在し得ない作品です。

このサイキック・エネルギーが入った類まれなるサイキック・ヒーリング・アートは、絶えず見る人へとエネルギーを放出しています。

ある日突然、ＰＫミッサー（念力パワーのコントロールの乱れで生じる現象）で、着信もないのに携帯電話が一日中ピカーッ、ピカーッと光り、次の次の日まで光り続けるという現象を今までに経験した事があります。その現象を経験し、二回目からは電源を一度切って、しばらくしてから電源を入れ直せば元に戻ることが分かりました。そして、三回目のPKミッサーで再び携帯電話が光り出した時、以前サイキック・カズ・エナミ氏からいただいたヒーリング・アート・シールを携帯電話に貼りつけたらピタッとPKミッサーがなくなり、思わず（すごい！）と心の中で叫びました。

このシールだけでもこれだけの威力を発揮するのです。では、ヒーリング・アート・シールの原画には、どれだけのパワーがインプットされているのでしょう。これは、三次元の世界から四次元の扉を開けられる魔法のアートなのかもしれません。その威力の奥深さは到底想像もつきません。

時に、心の中ではいくらポジティブになろうとしていても、実際にはなかなかポジティブな気持ちを持てない場合があります。そのような時にこのサイキック・ヒーリング・アートを見つめて、エネルギーを受け取れたなら、扉の前でドアノブに手をかけてその扉を開こうかどうしようかと迷う必要もなくなるかもしれません。

サイキック・カズ・エナミ氏が以前に知り合ったニューヨークの画商（通称G・Gと呼

ばれている）から、「ぜひあなたの絵をオリジナルで描いて欲しい」という依頼があり、それに応じました。その絵が「人生を変えるサイキック・ヒーリング・アート」や「四次元の扉を開ける絵」なのです。驚く事にこの画商Ｇ・Ｇは、かの超有名なポップ・アートの巨匠、アンディ・ウォーホルを世に見出した中の一人と言われています。

サイキック・カズ・エナミ氏とＧ・Ｇが知り合ったきっかけも非常にユニークでした。ちょっとした偶然が、思いがけない展開になるのです。それは一〇年ほど前、サイキック・カズ・エナミ氏がニューヨーク・ソーホービレッジに住む友人宅を訪ねようと、手土産に自身が描いたサイキック・ヒーリング・アートを持参するも、すでに引っ越した後のようで、道端に捨てようと考え、どの場所に捨て去るかを考えてウロウロしていた所、額装入りサイキック・ヒーリング・アートを遠くからジィーと熱い眼差しで見つめている初老の紳士が一人いる事に気がつき、「もしよろしければこれを差し上げましょうか？　どうぞもらってください。構いません、どうぞどうぞ！」と勧めてみました。実はその初老の紳士は、地元で有名なカリスマ画商の一人で、すぐに作品を気に入ったとの事。

時が流れ、二〇一〇年、一〇年振りに連絡があり、「最新のサイキック・ヒーリング・アート」を希望され、制作依頼がありました。そして今回発表となる「四次元の扉を開ける絵」の原画モチーフ・デッサンをG・Gの所へお送りした所、この時の絵画の行方には後日談があったというのです。

G・Gの知人である、映画「N・T」に出演した超有名なハリウッド俳優が、サイキック・ヒーリング・アートの素晴らしい噂を聞きつけ、早速その原画モチーフ・デッサンを写真に取り、プリントアウトして、抱き抱えるようにして上機嫌でリムジンに乗って帰って行ったそうです。

「分かる人には、分かる」とサイキック・カズ・エナミ氏は語ります。

サイキック・カズ・エナミ氏が、「人生を変えるサイキック・ヒーリング・アート」や「四次元の扉を開ける絵」という目的のはっきりしたものになぜパワーとエネルギーを注いで描いたのか。それは、サイキック・カズ・エナミ氏が描くサイキック・ヒーリング・アートは、「あなたの人生をよりよい方向へ導き、四次元の扉を開ける」ために必要なサイキック・ヒーリング・パワーをより多くの人々へ分け与えるために描かれたのです。

この絵をジッと見ていて何か感じられますか？　絵が揺れたり、動いたりしているのを感じ取れましたか？

サイキック・カズ・エナミ氏の「Dancing Candle」シリーズには、三つの時空である過去・現在・未来の三層が微妙に絡み合いながら表現されています。真ん中にある「Candle」は、ダンスをしているかのように、絶えず揺れながら動いています。「Candle」の炎は、パワーとエネルギーを発していて、メラメラと燃える人の命と同じ炎です。「Candle」の蝋《ろう》の部分は、人間の体のように見え、素粒子の集合体で人間の六十兆個の細胞の結集として表現されて

17／30
DANCING CANDLE SERIES
COLLABORATION KATO BUSSAN ;&Co.

います。

私たちは、人間の命（=炎、パワー、エネルギー）と体（=蝋、物質）の二つが一体となって、この地球に存在しています。そして過去世・現世・来世の時空を過ごす「魂」が生きています。命（エネルギー）・体（物質）・魂（心）の三つが、一つになっているのです。この「Dancing Candle」は、現在に生きていることに焦点を当てて、エネルギーを発しながら、人同士が影響を受け合い、物と人とが影響を受け合っていきます。そしてよい状況、よくない状況の経験を人生の中から学び、活かし、寿命のある限り精一杯生きていき、その中での調和・調整、あるいは導きをもたらす、サイキック・パワーの溢れ出ている「命を守る絵」なのです。

この独特な色彩は、一度見たら忘れられません。この絵を見てパワーやエネルギーを感じる方もいれば、ピンとこない方もいるでしょう。その方の感性次第で感じ方がまるっきり違ってきます。

私が見るとこの絵は、立体的に見えて仕方がないのです。「Candle」の周りの三層（過去・現在・未来=過去世・現世・来世）の色彩との重なりからか、「Candle」がさらに浮き上がっているように感じるのです。

そしてゆらゆら、時にはぐらぐらと今にも絵から飛び出してきて、動き出しそうに感じるのです。

皆さんはどのように感じますか？

ぜひ、リラックスした状態で、自分に素直に、感じ取ろうとする心をもって眺めてみてください。

不思議なサイキック・ヒーリング・アートを自分の目で見つめ、自分の中にある不安や悩み、恐怖心など、自分自身を縛りつけている考えを解放し、奇跡の扉、四次元の扉をあなた自身の手で開いてみてはいかがでしょうか？

あなたの人生を変える不思議なパワーとエネルギーを持つ、サイキック・カズ・エナミ氏のサイキック・ヒーリング・アートは、各所有名ホテルにてマナミ・グレース・インターナショナルが講演会を兼ねた展示会を開き、「全世界に先駆けての予約販売」を順次おこなっていく予定です。

サイキック・ヒーリング・アートの他にも「ミラクルペンダント」というものがあります。このペンダントについては前にも触れましたが、ここでは私が感じた事をお伝えしましょう。

この「ミラクルペンダント」は、実は身につけているだけでとても目立ちます。初めて見た時も、パッと目に入ってくるのです。この「ミラクルペンダント」は、お店で探してももちろん存在しません。サイキック・カズ・エナミ氏のパワー刻印入りという特注中の特注で、オリジナル中のオリジナルなのですから。

オールド・コイン（実際に使用されていた昔のコイン）に、オリジナルのサインやパワーを刻印として刻んであるため、手に取ると（手の平に乗せると）温かく感じ、そのまま乗せていると、ビリビリ、ジリジリとパワーが伝わってきます。

サイキック・カズ・エナミ氏が最初に「ミラクルペンダント」を製作した由来は、家族に、サイキック・アタックがないようにと願いを込めた「お守りペンダント」としてつくった事が始まりです。大切な家族のためにパワーを注入し、最後にパンッと刻印を押して仕上がります。素材はゴールド（＝金）で製作します。ゴールドには、それ自体に多大なるパワーが秘められているため、プラチナやシルバーで製作するような事は一切ありません。

あのイエス・キリストの誕生の際にも捧げものの一つとして、黄金の存在があります。またエジプトのツタンカーメンにしても、亡くなってからもゴールドで包まれた棺に入っています。おそらく昔から「身を守るもの」としてや、「目に見えないものからの影響を避けて、安全な場所やよい方向へと導くもの」だと思われていたのでしょう。

私は、ゴールドの効力やパワーの素晴らしさを知ってからは、すっかりゴールド派になってしまいました。「ゴールドは派手で、自分には似合わないから」と言っていた私の知人も不思議なパワーの話をした途端、「ゴールドもいいわねぇ」とすっかり変わってしまいました。

サイキック・カズ・エナミ氏によれば、同じゴールド（＝金）でも、そのモノ自体によってパワーが入りやすいものや、若干入りづらいものがあるとの事。私もお守りとして、サイキック・カズ・エナミ氏のパワーが注入されている「ミラクルペンダント」をいつも身につけています。

この「ミラクルペンダント」は、サイキック・カズ・エナミ氏の友人であるアメリカグラミー賞アーティストにも愛用されています。

この「ミラクルペンダント」には、不思議な事が起こったり、危機や危険から命を守ってくれたり、失くしてしまった大切なものが見つかり、手元に戻ってくるなど、多くのエピソードがあります。

愛する娘と妻のために製作したお守りペンダントが何らかの不思議な力があると、評判を呼び、奇跡を呼び込むミラクルペンダントとして、世界的ジャズピアニスト・秋吉敏子女史の夫君、世界のサックスプレーヤーの最高峰の一人である、ルー・タバキン氏によって証明されました。

それは、フランス、パリでの出来事でした。ワールドツアーで、その日の夜のパリ公演のために、税関検査のため、手続きをしている最中、ふと、目を離した隙に置き引きに遇ってしまい、大事な楽器類をすべて盗まれてしまったのです。

パリ警察に連絡を入れましたが、すぐには見つからず、その日の夜の公演、及び今後のヨーロッパでの公演は大変重苦しい雰囲気の中で進行しなければならなかったそうです。ツアーを一時、中止にするか否かをプロモーターと相談している所へ、ミラクルが起きたのです。

パリ警察から発見の連絡が入り、無事、愛用の楽器が無傷で戻ってきたのです。普通、このような場合、プロプレイヤーの楽器は、闇マーケットで売買され、大変、素材がいいために高く売れ、そして二度と戻ってくることはないそうです。特に、ルー・タバキン氏の使用している楽器は、すべて特注品でフルオーダーメイド・カスタム製なので、まさにミラクルが働いたとルー・タバキン氏一行が来日された折、直接、お話を伺いました。

まさに、奇跡を呼び込む「ミラクルペンダント」としてアメリカグラミー賞アーティストを中心に愛用されています。

Ⅳ

サイキック・ギフト

「サイキック」とは、「目に見えない力」という意味で、語源は〈Psyche〉で、「魂」「心」「精神」などを表します。

寓意的なギリシャ神話の中で、人間の王女プシュケーは、愛の神エロスの伴侶として自分がふさわしい事を証明するために、いくつもの試練を耐え抜かなければなりませんでした。そして、ついに不死の命を手にした時、古代の霊魂の象徴である蝶の羽がプシュケーの背から生えてくるのです。この話は、絶対的な愛を探し求める時、私たちもまた、姿を変えるであろう事を示唆しています。

私たち人間の特質の中で最も素晴らしいものは、探求するという好奇心ではないでしょうか。知りたいという欲求、学びたいという欲求、人生が続く限り冒険をしたいという欲求、そして自分自身に対して探求する欲求。

私は誰なのか、私にはサイキック能力があるのか。もし、あるならば自分の中で眠っている能力はどのように高めて、どうやって活用していったらいいのでしょうか。

サイキック・カズ・エナミ氏が語る「サイキック・ギフト」をご紹介します。

神様、または、大宇宙の力（ここではこのように呼びます）によって、この地球に人間として生まれた私たちは、皆、平等に「サイキックの贈り物」＝「サイキック・ギフト」というプレゼントが与えられています。

サイキック・カズ・エナミ氏は前世から生まれ持った才能を「サイキック・ギフト」と呼んでいます。

ヒーリングを受けたり、超能力者に会ったり、話をしたりするだけでも、よりよいパ

【サイキック・ギフト】 もともと人間の「魂」が持っているもので、前世から引き継がれた才能のこと。誰もがサイキックの力を目覚めさせることができる。ただ個人差があり、サイキックの力も本人に直接的に働きかける場合と間接的に働きかける場合がある。

ワーを自分にチャージできるのも事実です（パワーを与える方は、クライアントのネガティブなパワーを吸ってしまう事も多々あります）。

元々人は、生まれた時に広大な宇宙から、計り知れない能力やパワーを授かっているのです。その能力やパワーを開発する事は、誰しもが可能だと思います。

ただ、前世での自分自身のカルマや現世で縁のある家族一人ひとりのカルマ、友人、職場、恋人などのカルマのカルマ・バランスがとれている方が、よりパワーを受け取れるでしょう。そして、何のために超能力という偉大なパワーが必要で、それをどのように活用していくのかが焦点になります。

その「サイキック・ギフト」をこの人生において、いかにして、どのように活かす事ができるのか。

それはこの「サイキック・ギフト」を宇宙のデータバンクにアクセスして、ライブラリー（図書館・資料館＝アカシック・レコード）から「魂」の情報を引き出し、「あなたの『サイキック・ギフト』はこれです！」という判断を下す事のできる能力を持っている人が、サイキッカーであり、それこそが霊能者と明らかに違う部分なのだ、とサイキック・カズ・エナミ氏は教えてくれます。

サイキックには、念力（サイコキネシス）、透視（物質や心理状態・遠隔透視含む）、透知、予知、テレポーテーション（物質移動）などがあります。

サイキック・カズ・エナミ氏はこれらを持ち合わせている上、さらに、前世・未来リーディング、ヒーリング（病気、ケガ、体調不良、痛み、霊的影響も含む）のパワーをトータル的に兼ね備えています。それは「ものすごい事」なのです。通常、透視にずば抜けた力を発揮する超能力者であったり、予知に関してずば抜けた力を発揮する超能力者であったり、病気やケガを治す能力に秀でた超能力者であったり……と超能力の中の一つの分野の能力が非常に長けている人が多い中、サイキック・カズ・エナミ氏は、超能力パワーをトータルで発揮できる能力をお持ちになっているのです。それと同時に力の強弱のコントロールも可能だと言う事は、驚嘆するばかりなのです。

【アカシック・レコード】現世では、資料や情報を収集する時は、図書館や資料館またはインターネットを使用します。目に見えない世界の宇宙のデータバンクには、魂が生きてきた証である記憶や記録、その時にどのような気持ちで行動していたのかなどのたくさんの資料があり、調べたい内容を、そこにアクセスして調べる事が可能。しかし調べられるあなた自身の心がオープンな状態になっていないと、アクセスが不十分な状態になったり、不鮮明な調査回答となってしまう。また、宇宙のデータバンクであるアカシック・レコードにアクセスする人の能力によっても調査回答に誤差が出る。よって能力がない人に調査依頼をしてもあまり意味がない。

V

ハッピネス・シャワー・パワー

サイキック・カズ・エナミ氏が発するヒーリング・パワー、幸せを呼ぶ「ハッピネス・シャワー・パワー」は、気功から派生した能力ではなく、元々持って生まれたものだそうです。

古くからの気功の定義によると、ルーツは中国気功に行き当たり、「気功」という文字の意味は「気のパワーを『功』する」、すなわち鍛錬する、訓練するという意味で、気の流れを訓練する、気を練るとも言い替えられ、気のパワーを少しずつ練り上げて、より強く、日々、訓練してその能力を高める所作の事を言います。

本来は、外敵から自分の身を守るために古来中国四〇〇〇年の歴史の中で自然発生した、武術気功（気のパワーで相手を戦意喪失させる戦法の気功）が本家に当たるとも言われています。

この不思議なるパワーについて、サイキック・カズ・エナミ氏ご自身が語っておられますので、ご紹介いたします。

※※

私、サイキック・カズ・エナミは、気を練る訓練をした経験などまったくなく、身に覚えもないので、おそらく私独自の能力なのでしょう。

私が高校生くらいの時に、父に連れられて行った本家の当主から聞いた話によれば、私の家系の父方先祖のルーツを辿ると、大昔、中国からの渡来人で、妖術家及び占術家であったそうです。

【ハッピネス・シャワー・パワー】サイキック・カズ・エナミのオリジナルの名称。病気も治療できるヒーリング・パワー。ストレスの緩和や、不具合な部分、傷ついたメンタルなどをよい状態へと導くパワー。ストレス、あるいは霊的なものからくる鬱状態にも効果がある。人間のみでなく、楽器や機械などに対しても、効果を発揮。

その後、天正の初め、京都御所にて指導する学者を輩出し、能の世阿弥（室町時代の猿楽師）とも深く関係があったようです。世阿弥は、父の観阿弥と共に猿楽（現在の能）を大成し、多くの書を残しました。観阿弥・世阿弥の能は観世流として、現代に受け継がれています。なぜ、猿楽と言うかは、奈良時代に大陸から伝わった軽業（曲芸）や物真似、奇術などを見せる芸を指すからです。

私は、超能力に関する様々な書物を自分なりに調べてみた結果、超能力が、あらゆるジャンルに分かれている事を知りました。透視能力、予知能力、テレポーテーション能力、テレパシー能力、そして、サイコキネシス（念力）などがあり、その一つに優れている人や、数種類にわたり能力を発揮する人に分かれています。

一口にサイコキネシス（念力）と言っても、手を一切使わずにコップなどを物体移動させる能力（＝アポーツ）や、何もない所から物品を引き寄せて、手の中から出現させる能力（インドのサイババ氏が有名）が記述してあり、さらには、心霊手術のように素手で人体に手を入れて病巣を取り出し、血を見る事なく、切り口をくっつけてしまう超能力などがあります。さらに精神感応するだけで病気を治療する事ができると書かれていました。

サイキック・カズ・エナミの誕生でも紹介しましたが、二五歳の時に経験した不可思議な体験が私にある気づきを与えてくれたのです。

昭和五六年（一九八一年）長野県白馬村の奥深いジャパニーズペンションで雪女と思われる、白装束の顔と足のない物体に遭遇した超常体験であります。その最中にこの不可思議な原因を探るため、無意識にサイコキネシス・パワーの一種であるテレパシーで、その雪女と思われる物体と会話をしている事に気がつき、自分には、テレパシー能力がある事を発見しました。

目には見えないで起きた出来事には、何らかの因果関係があり、必ず意味のある原因が隠されている事を、この体験を通じて、学び、テレパシーの重要性を認識し直しました。

※※

サイキック・カズ・エナミ氏の発する、「ハッピネス・シャワー・パワー」と他の気功師の方がおこなう気功パワーとは、どこが決定的に違うのかについてお答えしますと、気功師の方には、テレパシー・サイコキネシスのカテゴリーが伴っておりませんので、前世から授かった才能であるギフトが見分けられない事にあると思われます。

サイキック・カズ・エナミ氏には、テレパシー専門の係の方が何時もそばについていて、宇宙のデータバンク（＝アカシック・レコード）なる世界へと通信し、因果関係などを調査して、サイキック・カズ・エナミ氏へ報告をしてくれるのです。

ハッピネス（幸福）をお裾分けし、シャワーのようにサイキック・カズ・エナミ氏の手の平から発せられる、目には見えない放射線を浴びると、生き生きはつらつとした生命力の活性化が始まります。特に、自律神経機能の強化が高まり、結果として、精神力の増強がみられ、マイナス思考体質の方がプラス思考へと転換するきっかけのターニングポイントを提供する事ができるのです。

また、前世から持って生まれた才能（サイキック・ギフト）を分かりやすく説明して、やる気を起こさせる、生きる喜びを感じてもらう、難題に向かってへこたれず、もう一度、挑戦していこうと力を持たせるカウンセリングも併せておこなっております。

サイキック・カズ・エナミ氏は、財団法人難病財団賛助会員であり、ＮＰＯ法人日本ホリスティック医学協会所属ヒーリングカウンセラー専門会員として、医師とのサポートコミュニケーションにより、「ハッピネス・シャワー・パワー」を施術しています。

サイキック・カズ・エナミ氏の手の平からは、色々な光線が放射されているようですが、まだ科学的にはすべてが解明されてはおりません。ただ、その手の平からは主に遠赤外線が放射されている事が分かっています。

この遠赤外線は、体を温める作用を持っていますので、皮膚を通して、細胞と共鳴、共振し、毛細血管を拡張させ、血液循環をよくして、体全体の新陳代謝を促進する性質があります。「ハッピネス・シャワー・パワー」を駆使し、イメージングにて細胞へと直接働きかけます。それにより、自然治癒力の増強、医師が処方する薬物の副作用が低下し、最適効果が見られ、病気の進行がストップし、腫瘍マーカー（癌などの悪性度）の数値が低下する事が多く見受けられます。また、「ハッピネス・シャワー・パワー」には、末梢血管の血流を改善して、栄養分を表皮まで行き渡らせる効果があり、女性では小じわが目立たなくなるといった若返り効果が含まれています。

「ハッピネス・シャワー・パワー」は、特に痛みに対する軽減効果は№１であるとサイキック・カズ・エナミ氏は自負しています。筋肉の疲れによる頑固な肩こり、腰痛、打ち身や捻挫、また、冷え症、過度のストレスからくる長年の不眠、便秘、頭痛など、それらに顕著に働きかけて、良好な結果を得ています。

その他に「ハッピネス・シャワー・パワー」には優れたエピソードが数々あります。

サイキック・カズ・エナミ氏のヒーリング・パワー、「ハッピネス・シャワー・パワー」は、あのジャズマン、ルー・タバキン氏に「Oh! Enami Magic!」と言わしめたほどのヒーリング効果を持っているのです。ほんのわずかな音の調子や自分の体調を察知する事に長けている超一流アーティストが大絶賛で認めているのです。

「ハッピネス・シャワー・パワー」は直訳すると「幸福な力のシャワー」となります。マイナスをプラスに転じて、明るく、ハッピーにやる気を起こさせて、人生をよりよい方へと向かわせるパワーを与える事ができるヒーリング療法なのです。

私が初めてサイキック・カズ・エナミ氏の「ハッピネス・シャワー・パワー」を体験した時に感じたのは、温かいパワー、風のようなパワー、体に電気が流れてビリビリと痺れてくるようなパワーでした。その後は、体全身がポカポカしてきて、体が軽くなったような、なんとも言えない感じを受けました。私は「ハッピネス・シャワー・パワー」を別名「サイキック・カズ・エナミ温泉」とも呼んでいます。サイキック・カズ・エナミ氏自身も「何だか温泉に入った後みたいでしょう。エナミ・スパ・エフェクトだよ。パワーの温泉に浸かった状態にいるのです」と笑顔で語ります。

あまりにも心地よくて、「ハッピネス・シャワー・パワー」を受けている最中に眠くなってしまう方もいるそうです。

世界的ジャズ・ミュージシャン一行と日本演奏ツアーにサイキック・カズ・エナミ氏が同行した折、彼らによって「楽器ヒーリング若返りセラピー」という力を持っている事を見出されたのです。世界中を旅している売れっ子ジャズ・マンたちを「ハッピネス・シャワー・パワー」でヒーリングをしてあげた時、「とても気持ちがいいので、ついでに愛用の楽器もぜひ一緒にその疲れを癒して欲しい」とオファーがあり、リフレッシュ・ヒーリングのイメージで手の平から、パワーを放射した所、「音の響きがよくなった」「楽器全体が生き返ったようだ」と皆さんに喜ばれて、「あなたには、すごい力がある！」と絶賛されたそうです。

多くの場合は、アーティスト、ミュージシャンの職業病である、肘や関節、肩などのペイン・ヒーリングを希望されます。また、「ハッピネス・シャワー・パワー」とは直接には関係ありませんが、サイキック能力を使用して浮かんできた、ファーストインスピレーションを商品ネーミングなどに使用し著作権発明関係に多くの出願をおこない、一〇〇件近くの権利を有しております。

Ⅵ

天界からのギフトとミッション

①魅了する力

なぜサイキック・カズ・エナミ氏が多くの人々、特に世界のセレブたちを魅了しているのかお分かりでしょうか？　サイキック・カズ・エナミ氏の類まれなる特殊能力「サイキック・カズ・エナミの秘密」とはいったいなんなのかを一番弟子の私が迫っていきます。

サイキック・カズ・エナミ氏は、今までの人生の経験の中で、その都度事細かに採点をされ、天界より超能力を発揮する、ヒーリング・パワーを与えられたのでしょう。

「超能力者としてふさわしいか否か」の天界のテストに見事合格し、サイキック・カズ・エナミ氏は、天界から〈ギフトとミッション〉を与えられたのです。天界のテストとは、生まれてからずっと、天界の方々からその人の行動、生き方、考え方、心、そして自分の事だけでなく他の人に対する思いやりなどのあり方を観察され、さらにそのパワーを受け取っても大丈夫な人間であるという器を認められて、地球人の中でサイキック・カズ・エナミ氏は、見事に合格し、選ばれたのです。天（宇宙）は、皆さんの真の姿もしっかりと見ています。

以前、サイキック・カズ・エナミ氏から聞いた話をお伝えしましょう。

ある日自宅で、眠りにつくか、つかないかとまどろんで仰向けになっていた時、部屋の天井がパァーと自動装置のように開け、空の彼方、宇宙の満天の星たちが瞬くのが見えました。すると、モクモクとした雲のような雲海に乗っている女神様が現れて、

「唯一、あなたが選ばれました。おめでとうございます」

と語り、他の天界の方たち五、六人が一緒に祝福してくれたのです。

周囲には薔薇の香りが漂い、プラチナのようにキラキラとしたまばゆい光が射し込み、幻想的な七色の光の中に、女神様を中心に妖精たちが宙に浮かんでいたそうです。

まだ宇宙の九六％は謎とされていますが、その謎の多い大宇宙から、一九九五年サイキック・カズ・エナミ氏が三六歳の時にパワーを授けられ、超能力者と呼ばれるようになったのです。

その頃、夢枕（「サイキック・ドリーム」）に、「甲斐国の虎」と言われ、戦国武将最強を誇ったあの武田信玄公が現れて、「エナミ殿！　要人を守れ、守り抜け！」というメッセージが届き、プロテクティッド・サイキック・パワーが授けられました。

さらに、一九九九年四三歳の時にも、「サイキック・ドリーム」に、お釈迦様（＝ブッダ、釈迦牟尼世尊〈釈尊〉、ゴーダマ・シッダールタ）の教えに従ったとされ、お釈迦様の主治医として有名な名医Dr.ギバ（サンスクリット語：ジーヴァカ、日本語：耆婆《ぎば》）が現れて、「唯一、あなたが選ばれました。本日よりあなたへ偉大な神通力を授けます。世界のトップ・プレイヤーたちの痛みを治療しなさい。音楽をもってして世界平和を実現できるよう努力しなさい。この大宇宙からあなたの行動を見守っています」と託され、超能力、ヒーリング・パワーを得たのです。

その後、不思議と神通力によって世界のアーティストたちとの交流が始まり、ジャズ・ミュージシャンを中心に、海外グラミー賞アーティストを専門に体験治療をおこなってきました。早くから一部のマスコミに注目されていましたが、まだ時がきていないと判断し、今まで頑なに取材を断ってきました。

しかし、今、時は熟したのです。

ポップ・アート（Pop Art）のジャンルで、不思議なパワーがインプットされ、この先の未来を生き続けるために必要な「四次元の扉」を開ける絵画、サイキック・ヒーリング・アート「Dancing Candle」を発表し、そして、今までベールに包まれていたサイキック・カズ・エナミ氏の超能力パワーを一人でも多くの方に紹介する時期がきたのです。

今までによく受けた代表的な二つの質問の回答をお伝えいたします。

〈超能力パワーについて〉

サイキック・カズ・エナミ氏の発揮する超能力パワーのうちの三種類の特徴を挙げます。

一つ目は、「ペイン・ヒーリング」。

肉体的、精神的痛みを、「ペイン・ヒーリング（痛みの癒し）」と呼ばれる方法で治療します。痛みのある箇所に、両手あるいは片手をかざし、その痛みを一瞬にして除去し、嘘のように消し去ってしまう治療法です。

二つ目は、「楽器ヒーリング」。

聞き慣れない言葉ですが、これはアーティスト自身が秘めている未知なる部分に焦点を当てて、その人が持つポテンシャルを高め、うまく引き出すのです。それによって、楽器との相性をよりよくし、共鳴度を高めます。その結果、今までとは異なる、透明感や力強さ、絶妙なバランス感覚や繊細さなどの響きが生まれ、リフレッシュされて生き返ったような楽器へと変えていくのです。

公演ステージの本番前やレコーディング前に「楽器ヒーリング」をおこなう事で、アーティストたちから「ワールドツアーの長旅で愛用の楽器が疲れていたが、リフレッシュされて生き返ったようだ」などと言われ、サイキック・カズ・エナミ・パワーを依頼される事が多く、海外大物ミュージシャンがサイキック・カズ・エナミ氏の熱狂的ファンになる事が多いのです。

三つ目は、「ミラクルペンダント」。

これは約七〇年から一〇〇年前の貴重な金貨（オールド・コイン）をペンダントにして、幸せを呼ぶサイキック・カズ・エナミ氏の「ハッピネス・パワー」を入念に送り込んでつくった最強のお守り「ミラクルペンダント」です。これを着用する事で、サイキック・カズ・エナミ氏のパワーに守られ、災難から身を守る事ができるのです。

特徴を持った三つの超能力パワーをサイキック・カズ・エナミ氏は自在に使いこなし、世界のアーティストたちとの交流が始まり、海外グラミー賞アーティスト専門に治療をおこなってきたのです。

〈超能力治療について〉

右手のハンド・パワーは主として手の平から遠赤外線が放射されています。

一般的に遠赤外線とは、光や電波と同じ電磁波の一種です。アメリカ航空宇宙局（ＮＡＳＡ）の厳密な研究によって、人間は可視光線の赤い光より、さらに波長の長い赤外線の中で八μ《ミクロン》～十四μの遠赤外線をよりよく吸収し、体を熱くする熱作用が生じる事が報告されています。

この波長波は、皮膚を突き破って四、五cmの所で細胞との共鳴、共振を起こし、毛細血管を拡張させ、全身の血液循環をよくします。左右の手の平から発するハンド・パワーによって、肩こり、腰痛、冷え性、捻挫、打ち身、筋肉の疲労回復などの治療効果を出しています。

サイキック・カズ・エナミ氏のハンド・パワーは、特に痛みに対しての治療効果がNo.１

であると自負しております。また、左の手の平からは、右手とは対極的に冷感サイキック・パワーが生じるので、体が熱を帯び過ぎた（ヒートし過ぎた）と判断した場合、左手のハンド・パワーでクールダウンをおこない、体の熱調節をしております。

サイキック・カズ・エナミ氏がおこなうサイキック・ヒーリングは、多数の芸能人、著名人の方々から大変な支持を得ており、絶賛されているのです。

②ヒーリング・エピソード

次に三つのヒーリング・エピソードをお伝えいたします。

一つ目は、あるパーティーにサイキック・カズ・エナミ氏と共に参加した時の出来事でした。

そのパーティーには、政府関係者、外交官、芸能人、パーティー主催の社長様、有名な女性ヴァイオリニスト、女優さんなどが出席しており、お食事も、飲み物も至れり尽くせりの着席パーティーでした。芸術性の高いアートや音楽のパフォーマンスも饗《きょう》され、和やかな歓談に包まれた優雅な会場でした。

そんな中ピアノとヴァイオリンの演奏がおこなわれたのですが、ヴァイオリンの高音がきれいに響かず、ガサガサ、カサカサッとかすれて響いていました。低音は素晴らしい響きを奏でているのですが、高音部だけがしっくりこないのです。ヴァイオリニスト本人も演奏しながら、どうも納得のいかない様子でした。

「高音がもったいないねぇ」と小声でつぶやくサイキック・カズ・エナミ氏の隣で、私も同じ思いを抱いていました。

パーティーもお開きとなり、皆さん名残惜しそうに会場の出入り口で話をしたり、挨拶をしたりしていました。

その時、サイキック・カズ・エナミ氏が演奏をしたヴァイオリニストの方に、「音、高音がかすれてしまっていて、もったいなかったね。低音は、まるでドラゴンが嘶《いなな》いている

【ヒーリング・パワー】特にケガや痛みを伴う炎症、病気、メンタルに対して、強力に発揮するパワー。

ようなすばらしい響きをしていたのに」と話しかけると、「そうなんです。実は私自身、まだこのヴァイオリンを一週間と少ししか弾いていなくって……。以前まで使っていたヴァイオリンのリース契約が切れてしまったので」と話しました。

「僕、音をヒーリングできるから、今ヒーリングしてあげましょうか？　高音の音色、きっと出るようになりますよ」

「えっ！　本当ですか？　じゃあ、ぜひお願いします!!」

何の躊躇もなく嬉しそうにケースからヴァイオリンを出そうとしましたが、サイキック・カズ・エナミ氏は、「ヴァイオリンをケースから出す必要はありませんよ。僕は楽器に手を触れる事なく、ヒーリングできますから」とニコニコ話すので、彼女はヴァイオリンをケースごと差し出したのです。

サイキック・カズ・エナミ氏は早速ヴァイオリンのケースに大きな手をかざして、話しかけるようにパワーをかけ、ヒーリングし終わると、「今度音を出す時、すぐに分かりますよ」と微笑んで、その場で別れました。

その後もそのヴァイオリニストの方が活躍しているのを見るたびに、きっとあのヴァイオリンは、素敵な演奏と共にいい音が出ているんだろうなぁと感じています。

サイキック・カズ・エナミ氏が、楽器、特に木でできているもの（ピアノ、笛、ギターなど）を家や自分のそばに置いておくだけでヒーリング効果があると話していた事も思い出します。

二つ目は、ある大会社の社長様とホテル内にある喫茶店でお会いした時の事です。以前から、サイキック・カズ・エナミ氏と社長様はお知り合いなのですが、たまたま健康の話になり、「実は目が悪くなっていて、なかなかこれが不便なのですよ」と社長様がつぶやくようにお話しされたのです。サイキック・カズ・エナミ氏は人の気持ちや心の声が分かるので、社長様がかなり気にして悩んでいると感じたようでした。

「今日、ちょっとパワーをかけて差し上げますよ」

「あ、そうですか、ありがとうございます！　ではお願いします」

サイキック・カズ・エナミ氏はテーブルを挟んで対面の席に着いたまま、大きな手をかざして、原因を探しているようでした。そのまま手を動かし続け、しばらくすると、

「うん、分かった。分かりましたよ、原因が。目の中の組織に何かギザギザのトゲみたいなのができていて、そこが接触するから不具合が生じているんですね」

それから先生は、自分の顔の前に右手の人差し指を出して、天にその指を向けながら、天界の人と通信しているようでした。

「ん、そう？　それならお薬……。そう、お薬、ちょうだい」

そうつぶやきながら指にお薬をいただいたようで、今度は、その指を目の前に座っている社長様の目に向かって薬を塗るような動作をして、動きが止まりました。

「もう大丈夫ですよ。目が見えやすくなりますから。トゲを取って、塗り薬を塗ってきました」

「そうですか、どうもありがとうございます」

社長様はやや緊張していた様子でしたが、笑顔になりました。

そして次の日も会う約束があり、ご挨拶をすると、昨日まであまり開いていなかった片方の目が、両目ほぼ同じくらいの大きさに開いているのです。

私は、すごい、と驚きのあまり、しばし、ぼーっとしてしまいました。

三つ目は、私の知人のご主人が脳梗塞で入院していて車椅子の状況だった時の事です。

サイキック・カズ・エナミ氏にお願いし、知人のご主人が入院している病院へ赴き、面会しました。私から見ても視点が合っていないような虚ろな目をしていました。こちらの話している内容は聞こえていて、理解はしているようなのですが、薬の投与の影響もありあまり活発な動きもできないという事でした。

しばらく話をした後、「では今から二〇分くらい時間をかけてヒーリング・パワーをかけていきます」とサイキック・カズ・エナミ氏は言い、大きな手をかざし始めました。サイキック・カズ・エナミ氏は、そのご主人の先祖の方たちにも応援を呼びかけているのですが、一度集まってきたにもかかわらず、帰ろうとした先祖が何人かいたようで、遠くに離れて行く先祖に戻ってくるように手招きをしていました。

そして、次に脳梗塞の原因となった部分の脳神経の細かい箇所を見るため、ビジョン（画像）を拡大していき、どこが神経の繋がっていない箇所かをどんどん拡大して、ビジョンに映し出していました。そして、問題の箇所を発見すると、天界のDr.ギバと通信をしながら、それを繋ぎ合わせる作業に取りかかったのです。

ちょうど二〇分近く経った頃でした。

「よし、一応、切れている神経を繋げておきましたから、回復に向かうと思います」とサイキック・カズ・エナミ氏は言ったのです。ご主人の表情を見ると、最初に会った時の目とは異なり、焦点も視点も定まり、ハッキリと力強くなっています。そして口元までキリリと引き締まっているのです。

その日の一回目のヒーリングを機に、ご主人はとても回復され、車椅子も必要なくなり、自分一人でトイレへ歩いて行けるようになりました。

サイキック・カズ・エナミ氏のヒーリング・エピソードはまだまだありますが、それはまた別の機会にご紹介します。

③パワーを得る真の意味

以前私は、訓練をしてヒーラーとなった外国人の方が書いた本を読みました。

その著者の方の友人が、自分もパワーを授かりたいと願い、訓練を続けながら、天にお願いをしていたそうです。するとある日突然、手にジンジン、ジリジリとパワーを感じるようになったのです。その時本人はとても喜んだそうですが、困った事に、その手に感じるパワーは絶えず注がれるのです。いつもいつも、毎日毎日、片時も休む事なく……。

その方はどうなったと思いますか？

その方は、パワーの凄さに自分のメンタルがついていかず、とうとう自らの命を絶ってしまったのです。そして、この著者の方のもう一人の友人も、パワーを得たのですが、ついには発狂してしまったそうです。

このような話を聞くと（(興味はあったけど、もし自分に急にそんなパワーがきても怖いなぁ)）と思ってしまうかもしれません。

実際、私も、この著者の友人たちのように、ジンジン、ビリビリと、それはそれは手の平が真っ赤になってしまった経験があります。一時間以上も続けてエネルギーが注がれ続けた時には、正直その赤い手を見ながら、（(どうしよう、大丈夫かな？　もっとすごい事になってしまったらどうしよう。私、どうなってしまうんだろう⁉)）と誰にも相談できずに、軽いパニック状態に陥りました。

後日サイキック・カズ・エナミ氏にその事を伝えたら、笑ってこう言いました。

「宇宙は、望めばきっと与えてくれるのだよ。ただし、熱望とか切望とかといった強い気持ちがないと伝わらないのかもしれない。希望くらいの気持ちじゃ届かないのだよ」

パワーを授かりたいと切望し、ある日突如としてパワーを授かった。その授かり方が同じ状況ではないとしても、先ほど紹介した方たちとサイキック・カズ・エナミ氏を比較すると、原点にある「志」が違うのかも知れません。「パワーを授かって自分がどうしたいのか」「何をしたいのか」「何をするのか」というコアな部分の「自立」が根本的に違うのでしょう。

私は、授かったそのパワーを「いかにして使うのか」に尽きると考えています。

サイキック・カズ・エナミ氏は「世の人のためになりたい!!」という「志」を曲げず、ここまでの人生を歩んできました。だからこそ、「自分は本当に超能力者なのだろうか?」とか、超能力を信じない方から奇異な目を向けられたり、非難されたりしても自分がブレる事はないのです。また逆に、サイキック・カズ・エナミ氏の力を利用するだけしてやろうというエゴイズムの塊のような方たちと出会っても、その「志」がブレる事はないでしょう。無論、発狂した事も、する事もなく、今日のサイキック・カズ・エナミ氏に至っているのです。

一番重要な事は、「愛する家族」の存在です。

私は、古い友人、知り合い、出会った方、どんな相手でも相手の気持ちになって考えます。私は物凄くイマジネーションを働かせてしまう癖があり、(もし自分が私の師匠であるサイキック・カズ・エナミ氏だったら、一体どうなっているのだろう?)と考えた時、イメージしたのは「愛する人」＝「家族」でした。やはり「愛する家族」の存在が一番重要です。

特殊能力を活かす職業は、なかなかありません。サイキック・カズ・エナミ氏はその中でもさらに特殊分野に位置するので、今の立場を確立してきた過程には、並々ならぬご努力と、ご両親、奥様、娘さんの連携プレーがあってこそなのです。家族、親戚、友人らの強い理解と協力、そして温かい応援がなければ、たちまち迷い、悩み、人生の荒波を乗り越えられなくなってしまう事でしょう。

「人生は楽しんだ者勝ちなのだよ‼」といつも笑顔で語るサイキック・カズ・エナミ氏に、私はきっとこれからも幾度となく圧倒されてしまう事でしょう。例え理解されず、悔しい思いを味わっても、とても辛くても、「人生は楽しむためにある、楽しむために生きている」と実感していたい。

「ハッピネス・シャワー・パワー」を降り注ぎ、超能力パワーを持ち合わせる、素晴らしく優しい存在であるサイキック・カズ・エナミ氏の事を、まだ知らない方や興味のある方に、今後機会があるたびにお伝えしていきたいと心から思います。

そうなのです！

サイキック・カズ・エナミ氏が世界のセレブたちを魅了してしまう秘密は、温かい心と、バランスの取れた人間性、「人」が大好きで話を聴くのが特技で、枠にはまらない発想力（アイディア）を兼ね備え、宇宙のような心の広さを持っているからなのです。

プラス‼　サイキック・パワーを自由自在に存分に発揮できるからなのです。

Ⅶ

サイキッカーを必要とする国

「サイキッカー」と呼ばれる超能力者の存在は、テレビなどの報道によりご存知かと思いますが、噂やトリックによるものではなく、国家が認めた本物の超能力者のお話しを述べましょう。

古くは、オランダにジェラルド・クロワゼット氏という水難事故や事件に、優れた透視能力を発揮した№１超能力者がいました。数々の犯罪捜査に協力し、その原因となるものを突き止め、犯人を見つけ出して警察からたくさんの表彰を受けました。

近年では「サイキック・ドリーム」と呼ばれる超能力を駆使し、夢の中で犯人をイメージし、映像化して捉え、犯行の状況や事件のいきさつなど、すでに亡くなっている被害者から直接、普通では知り得ない情報まで事細かにサイキック・パワーで説明を受け、事件を急展開させています。犯人逮捕に繋がる超能力者の活躍が世界各国で報道されています。

例を挙げると、「ＦＢＩ（アメリカ連邦捜査局）から依頼を受けて、操作に加わる凄腕の超能力捜査官」「動物と話ができるアニマル・サイキック・カウンセラー」「精神的、肉体的な疾病を癒し、リフレッシュさせて多くの人々を元気づけるサイキック・ヒーラー」「ダウジング能力を飛躍的に高めて、国家プロジェクトの油田開発に取り組むダウザー（スプーン曲げで有名なユリ・ゲラー氏も油田開発プロジェクトで大成功を収めています）」などの存在があります。

また、日本では考えられませんが、超能力大国と言われているロシアでは、一般病院に混ざって、超能力を用いて患者さんを治療する病院があるのです。サイキック・ドクター（超能力医師）が、患者さんの病状を診断し、病気の治療をおこなっています。一般に、麻酔薬を使用する処置も、この病院では使用しません。超能力を用いて、念力のパワーを使って麻酔をかけ、痛みを皆無にして、必要最低限の器具で手術に臨み、成功させていますす。かえって麻酔薬を使用しない方が、体にかかる負担が軽くなり、社会復帰も早くできるとの事です。これは、傷の痛みではなくて「心の痛み」を癒したという事になります。もちろん、患者さんは、通常の医師がいる病院で診察を受ける事もできます。いつの日か日本でも、このように患者さんとゆっくりと心と心を通じ合わせて、雑談なども交えながら話し合ったり、時間だけに追われないような、対話のできる病院システムが構築される事を願っています。

ロシアの人々は、元々、魔女伝説やシャーマン伝説などに対して畏敬の念や憧れなどを持っていて、それらの伝説が多くの市民の心の奥底に根強く残っている土地柄であると言われています。

国土の大きさ一つを日本と比べてみても、桁外れに広大な面積を有しています。そのため小さな村では、病人が出ると遠く離れた町の病院へ運ぶ事は困難であったため、小さな村には昔から病退治の祈祷師や民間療法師、占い師などがいて、ハーブなどの薬草や独自のヒーリング術で病人を治してきた経緯があると言われています。

サイキック・パワーの一つである念力パワーで皇太子ニコライ二世を血友病から救ったと伝えられている、シベリア出身のシャーマン、ラスプーチンを生んだ土地でもあります。

旧ソ連時代の興味深いエピソードが伝えられているので、それをご紹介します。

シベリアの地質調査を依頼された学者チームが、シベリア奥地の村に入り、調査をしていた所、その中の一人が重い病気にかかってしまい、大きな病院で診てもらうため、ソリに病人を乗せて皆で村を出発しました。しかし、途中、日本の県一つほどの広さがある村を越えなければ、立派な病院には辿り着けない事が分かり、このまま病人をソリに乗せて走っても、何日かかるか見当がつかず、困り果てていました。

その学者たちのうちの一人が、若き日に愛読した青年同盟機関誌『コムソモル・プラウダ』に載っていたコラムの中に、「シベリアの奥地に行って、病に倒れたならば、まともな医者を探すより、近くの民間療法師、または、病退治の祈祷師や占い師などに治療を任せるとよい。大体において、彼らは、軍隊の衛生兵を経験しており、ハーブなどの薬草で伝統的治療を施し、さほど、命を落とす事なく、尊い命を救ってきている」という記事があったのを思い出した。そこで、「今こそ機関誌に載っていた事を実行する時ではないか」と皆に相談し、村々にいる民間療法師の家を訪ねて治療を委ねたのです。その民間療法師は、代々家に伝わる秘伝のハーブを何種類も組み合わせて、秘薬をつくり、独特のヒーリング技術で病に倒れた学者の病状を快方へと向かわせたという事です。

テレビ、マスコミなどで報道され、奇跡の人と騒がれているヤーナ・トロイニチさんは、八歳前後から超能力に目覚め、家に遊びにきていたおじいさんの友人を一目見て、「胸の辺りに黒いものが見える」と話し、後日病院で結核と診断されたのです。彼女は人体がレントゲン写真で撮影した時のように、透けて見えるという透視能力に長けた人物なのです。

透視能力や予知能力、テレパシーなどの「超感覚的知覚（ＥＳＰ）」を生まれながらにして持ち合わせている人は、自分が生まれる五代前か七代前くらいの父方、母方のどちらかの家系に超能力者が潜んでいると古くからヨーロッパに残る言い伝えがあります。あなたもその家系の一人かも知れません。

今こそ、潜在能力を開発する努力をしてみてください。自分にも、思いがけない底力パワーが秘められている可能性が大いにあり得ます。

Ⅷ

サイキック・カズ・エナミ氏と出会う

私は、小学校高学年頃には、すでにスピリチュアルな事や第六感、目に見えない世界、宇宙のパワーなどに興味を持っていたのだと思います。当時はそれに当てはまる言葉を知らず、何となく「きっと目に見えない世界があるに違いない」と思っていたのです。

その頃から不思議な体験はいくつもありました。

中学受験で毎晩遅くまで勉強をしていたある日、勉強が一段落し、お風呂に入っていると誰かに見られているような気がしたのです。目をつむってシャンプーをしているのに誰かに見られているのを感じました。お風呂から出て、また机に向かって勉強をしていても、誰かにジッと見られているし、気配も感じるのです。「何だか今日は変な日だな」と思いながら床につきました。その明け方近く、けたたましく電話が鳴り、祖父が「そうですか」と対応していました。その日の朝、伯母が亡くなったことを知りました。

他にも、旅行で北海道を訪れた時のことです。一般的に「出る部屋」と呼ばれる部屋に泊ったために、恐怖と寝不足と疲れで大変な目に遭いました。

その宿泊所は、海の近くの山の斜面に建つ、古い感じのする建物でした。案内された部屋は廊下の突き当たりで、ドアを開けると昔の古臭い匂いがまとわりついてきました。室内は明かりが点いている割りに薄暗く、トイレのドアを開けてみると、また昔の古臭い匂いが先ほどよりもさらに濃く感じました。嫌な予感がしつつも、テレビを見て気を紛らわしていました。

しばらくすると夕食が部屋に運ばれてきました。あまり食欲もないまま、友人と夕食を食べて、一階にある古いタイルづくりのお風呂（まさに昭和レトロ）に入り、床につきました。

私は床の間の方に枕を向けて横になっていましたが、どこからか絶えずピシッ、ピシッというラップ音が聞こえていたので、私は気になってなかなか寝つけず、仰向けになっていた体を右側へ向けました。

その瞬間、私の目に飛び込んできたのは、小雨が降る窓ガラスに映る女性の姿でした。ちょうど私と友人の布団の間の枕元に、おかっぱ頭で着物を着た女性が正座をして座っているのです。私は驚きのあまり目を疑い、一度目を閉じてから、もう一度目を開けてみました。しかし、そこには本当に、確かに、いるのです。体はまるで透明のペットボトルのように透き通っています。

（どうしよう。友人を起こそうか……でも明日は友人に早朝から長距離運転をお願いしているし、今起こして寝不足で運転をしてもらうのは危ない）

私は友人を起こす事は諦め、眠ろうと努力していました。一時間ほど経っても寝つけずにいると、友人がトイレに立ちました。私は怖くてずっと窓側を向いたまま、窓ガラスを見ていました。友人が襖を開けると、室内にさぁーっと明かりが射し込み、正座をした女性の姿は見えなくなりました。しかし友人がトイレから戻り、襖を閉めると、そこには先ほどと同じように正座をした女性の姿があるのです。

もう私はどうにかして眠りにつこうと目をつむり、やっと眠りに落ちた頃、何かが私の体の上にのしかかってきたのです。「わあっ！」と飛び起きて、心臓がバクバクと早鐘を打っています。しかしそれ以上は何も起こりません。再び眠りに落ちそうになると、また何かが私の上にのしかかってきます。そんなことを数十回繰り返し、私は異常に疲れ、体中汗をかいていて、異常な喉の渇きを覚え、水を思いっ切り飲み干しました。だんだんと夜が明けてきて、五時頃だったのでしょうか、ふと見ると、女性の姿は消えていました。

その女性の年齢は三〇代半ばで、おそらくここの旅館の仲居さんが自殺したのだろうなと何となく分かりました。


大学を卒業し、同じ職場で七年半ほど勤め、結婚を機に私は変わっていきました。ボイストレーナー、営業、食品専門店店長、ネットワークビジネス、商社での勤務、様々なアルバイトなどを経験し、最終的には、自分が興味を持っている事に少しでも関われる仕事をしたいと思い、数年後には、ヒーリング・ミュージックの仕事に携わっていました。

そんなある日、上司（当時、師事していた作曲家の先生）に「今日、スピリチュアルな方がくるよ。超能力者でエナミさんって方だけど、会ってみる?」と連絡をもらったのです。「もちろんお邪魔させていただきます」と答え、三時に事務所へくるように言われ、電話を切りました。

私は急いで支度をして事務所へと向かいました。事務所は駅から徒歩五分の所にあり、後数十mという所で、フッと頭の中に見たことのない人の顔が浮かんで見えました。不思議に思いながら事務所のドアを開けると、そこには上司と音の編集スタッフが一人いて、その間にサイキック・カズ・エナミ氏が座っていました。

「この前、三大宮様賞の中の一つとして知られている、東久邇宮文化褒章受賞の式に僕は仕事でどうしても出席できず、僕の奥さんが代理で出席してね、その時に理事をされていたエナミさんと僕の奥さんが知り合ったのだよ。すごいでしょ！　超能力をお持ちなのだよ」

そんな事を急に言われても、その時の私には「?・」だった。その時のサイキック・カズ・エナミ氏の印象を今思い返すと、あまり多くを語っていない様子でした。ただ、印象に残っているのは、雑談をしている時も、一人目をつむって考えているような様子です。それでも色々な不思議な話を聞かせていただき、気がつくとあっという間に二時間が過ぎていました。

それぞれ仕事もあり、一度解散して、後ほどカラオケにでも行きましょうという話になり、その日の夜九時半に新宿のカラオケ店へ行く事になりました。

私は夕方からの友人たちとの約束を早めに切り上げ、九時過ぎには新宿に到着していました。待ち合わせの場所へ向かう途中、上司からメールが入り、「エナミさんの都合もあり、約束は一〇時半になった」という連絡でした。

時間を持て余してしまった私は、寒さを紛らわすために、手軽にファーストフード店でホットコーヒーを飲もうと思い、店内へ入りました。

「お客様、当店は一〇時までとなっておりますが……」

「大丈夫です」

そう答え、時計を見ると後一〇分で閉店の時間でした。外の寒さを思いながら、ここが閉店したら待ち合わせ場所へ早めに行って、お店の予約をしておこう、などとぼんやり考えながら、コーヒーを飲んでいました。

その時なぜか私は反射的に右を向きました。ちょうど一人の女性が店内に入ってきた所で、私は無意識にそちらを見ていました。ふとそんな自分に気づいて、正面を向いてコーヒーを飲んでいると、しばらくしてから、突然「あなたですか」と全然知らない女性に左側から尋ねられたのです。（こんな人知らないし、きっと何かの勧誘だろう……）と思い、私は、まるっきり反対側に顔を背けました。その女性はそれ以上話しかける事はせずに、去って行ったようです。

店内には閉店の音楽が流れ出し、私は待ち合わせ場所へと向かいました。

カラオケは盛り上がり、歌を歌うのにも疲れてくると、お話しモードとなり、サイキック・カズ・エナミ氏は、不思議な体験や霊能者と超能力者の違いは何なのか、などなど興味津々な私たちから質問攻めに合っていました。その後、私は初めてサイキック・カズ・エナミ氏にヒーリングをしてもらいました。

今になって思うと、サイキック・カズ・エナミ氏は私のオーラやチャクラの傷ついた所にヒーリング・パワーをかけて修正してくださっていたのでしょう。当時の私の上司は、「やけに長くヒーリングしてもらってずるいなぁ」と不満そうにつぶやいていましたが、サイキック・カズ・エナミ氏が、「今、上（天界）から『治してあげなさい』と言われているから」と語り、ヒーリングを続けてくださいました。

ヒーリングが終わった頃には、もう朝の五時を回っていました。その日の仕事の事を思いながら、それぞれ帰途に着きました。

私は家に着いてから四時間ほど睡眠をとり、目覚めた時、昨夜のファーストフード店の出来事が思い浮かんできました。

（（一体あれは何だったんだろう。あの女性は知らない人だし……））。でも話しかけてきた言葉は「あなたですか?」で、まるで「あなたなのですね?」というニュアンスだった。妙に気になったので、昨日教えていただいたサイキック・カズ・エナミ氏の電話に連絡をしてみました。とりあえず昨晩の出来事を一通りお話しすると、

「あーそれね、確認だよ。女性一人だけじゃないでしょ。もう一人男性とペアできていたと思うよ」

「……お店に入ってきた瞬間を見ましたが……そういえば、確かにもう一人いました、一緒に並んで。でも、その男性の顔がはっきりしないのです。私には女性の顔しか印象に残っていないので、存在もぼやけている印象なんです」

「『確認に行かせた』って言われたから知っていましたよ」

「え？　どなたに？　私、失礼な事をしてしまいましたよ。大丈夫でしょうか？」

その日サイキック・カズ・エナミ氏は、私と会う時間をつくってくださり、昨日の不思議な体験とその意味について話してくださいました。

この日を境に、私は「超能力」とはいかなるものなのかを、実体験を通して次々と目の当たりにしていく事になったのです。

Ⅸ

人生のターニングポイント
――二〇一〇年八月八日　カスミン・グレース

私は、平成二一年の夏に、エナミ先生とマナミ・グレース女史と出会いました。

初めてエナミ先生にお会いした時、教えていただいた事があります。それは、私の前世は、あの戦国武士、武田信玄公の女忍者部隊に三つある、明日香組、霞組、詩音組のうちの霞組の隊長をしていたという事です。

「だから、君に何かあると武田信玄公の護衛隊が君の事を守ってくれるから安心してね」とも教えてくださいました。そしてもう一つ、

「君のいくつかある前世の中で、私のビジョンにハッキリと見えて分かる事があって、前世の君はマサイ族だったという事だよ。マサイ族の中では№2だったみたいで、その時は男性だったんだね。鑓《やり》を持って、飛び跳ねているビジョンも見えるよ。

君は耳にたくさんピアスをしているけど、一般的な数に比べたら数が多いよね⁉　それ

と、使い道もないのに三個ものへアゴムを手首につけているのは、マサイ族だった頃の名残があるからなのだよ。だから君は槍投げ、弓道、射撃、棒高跳びなど、マサイ族ならではの特徴ある競技をすると、人よりかなり優れていると思うよ。

マサイ族での最期は、アフリカにキリスト教の宣教師がきていて、その人が宣教をしていた集会場所に君も参加し、話を聞いているうちにマサイ族の民族信仰だった君は、キリスト教へと改宗することを決めて村へ帰り、『キリスト教を信仰しようと思う』と嘘をつくことなく、そのまま村の仲間たちに告げてしまったのだよ。仲間たちは怒ってしまい、君を殺すことにした。どんな処罰が一番辛いかを考えて、君の仲間たちが選んだのは、鑓で体を数十カ所刺し、最後に体を逆さまにして、鑓で性器を刺して殺す事だった。そして彼らは本当にそのように実行し、その後には逆さまのまま、足が出た状態で土に埋められたのだよ。

驚く事に、その時キリスト教を広めていた宣教師が、マナミ・グレース女史なのだよ。君が殺されてしまった事を後で知った彼女は、助けてあげられなかった事をとても後悔しているビジョンが私には見えるよ。だから今世でも年代が違う二人が些細なきっかけで出会ったのだよ」

と教えていただきました。この話を聞いた私は、学生時代にバスケットボール部に所属していた事を思い出した。その時のポジションは、通常であれば一番背の高い人が任されるセンターでした。私の身長は一般的に言っても、高いとは言えませんが、試合中はゴール下で相手チームの背の高い選手に負けないよう、よく跳んでいました。確かに、背の割りにはジャンプ力はありました。

エナミ先生とマナミ・グレース女史と出会った日をきっかけに、師弟関係が始まり、私のうちに隠されていたものがこの出会いによって開花していく事になったのです。

二人に出会ってから数週間が過ぎた頃、私の身の回りで次々と不思議な事が起こり始めました。

最初に起こった不思議な出来事は、購入したばかりの携帯を使おうとした時に、突然電源が切れ、電源を入れ直すとまたすぐに電源が切れてしまうのです。これを数十回繰り返しました。その後はいつもと変わりなく使えるようになりました。

この話をエナミ先生にお話しすると「ＰＫミッサーが起こったのだよ。私と出会ってから、君のうちに秘められていた力が宿り始めて、普段では起こり得ない事が起こり始めたのだよ」と教えてくださいました。

次に、平日の夕刻の出来事でした。月島へ向かうため乗り変えをする必要があり、足元を見ながら階段を降りていました。その日履いていた靴は、取り外しのできるコサージュのついたハイヒールでした。階段を降りて、少し歩いたところで、片方の足元に「フワッ」とした感覚が走り、何気なく足元を見ると、お気に入りのコサージュがついていないのです。階段を降りた直後に外れたのかと思い、歩いてきた道を戻って探しましたが見つかりません。つけ外しのできるコサージュとはいえ、人間の手で調整しないとつける事も外す事もできないしっかりとした物だったので、不思議な気持ちになりながらもコサージュは諦める事にしました。

この話をエナミ先生にすると、

「それはテレポーテーションと言って、四次元の世界にそれは消えてしまったのだよ。でもいつかは君の元へ戻ってくるよ」

と教えていただきました。まだ数回しか履いていなかったハイヒールのお気に入りのコサージュがなくなってしまったので、いつか自分の手元に戻ってくるとしても、やはりショックでした。

出張先から自宅に帰ってきたある日、夕刻の出来事でした。

自宅には家族は一人もいなかったので、私は真っ先に自分の部屋へ行きました。ふと部屋を見渡すと、いつも定位置に置いている手の平サイズのパワーストーンがなくなっているのです。そのパワーストーンは、以前マナミ・グレース女史に連れて行ってもらったお店で、自分で購入したものでした。もともと持っていたパワーストーンは、身につけるタイプのものだったので、そのお店で購入したものは、部屋に置けて、他の石も浄化する事のできる石でした。この石はどの角度から見ても七色に光って見えるクリスタル石です。

自宅では猫を飼っているので、もしかしたら猫がどこかへ落としてしまったのかもしれないと思い、部屋中隈なく探しましたが、見つかりませんでした。

この石はとてもお気に入りだったので、またどこかへテレポーテーションしてしまったんだと直感で思い、諦めました。

この出来事をマナミ・グレース女史にお話しした所、

「またものがどこかへ消えてしまったのね！　最近本当に色々なものがなくなってしまうわね。ものに対する思い入れが強過ぎるんじゃない？」

と教えていただきました。そうは言っても、気に入ったものにはついつい感情移入してしまいます。ですがこの日を境に、どんなものも同じくらい大事に扱うように心がけるようになりました。

そして数日経ったある日、深夜一二時を過ぎた頃の出来事でした。いつものように寝ていたら、突然私の寝ている上から男性の声が聞こえてきたのです。

「ほら見えるよ。見える」

その声の一つは、エナミ先生の声にとても似ていて、もう一つの声は聞き覚えのない男性の声でした。目が覚めてしまった私は、誰かにずっと見られているような気がして、なかなか眠りにつけませんでした。エナミ先生に似た声と聞き覚えのない男性の声が聞こえたのには、何か意味があるのではないかと考えていましたが、自分ではさっぱり分からなかったので、やはりエナミ先生にお話ししました。

「私の他に、もう一人いた男性の声は、前世マサイ族だった君自身の声だよ。最近になって、今まで見えなかった霊や消えるはずのないものが消えてしまったり、今までに体験した事がない事ばかり体験しているよね？　それと同じように、聞こえなくてもいい事が聞こえるようになったのだよ。でもね、そういう出来事が頻繁に起こると精神的におかしくなってしまうから、私がこういった事がもう起こらないようにパワーをかけるから安心してね!!」と言ってくださいました。

そして、本当にこの日を境に目に見えない存在から話しかけられる事はなくなりました。

そしてこの数週間後、五〇〇〇年もの歴史があるアーユルヴェーダをスリランカまで行き、スリランカ政府認定資格を取得しに行く事になりました。霊的にも本場の国だとエナミ先生から教わり、また何か私にとって変化が問われているのではないかと思い、不安と期待に満ち溢れていました。

これが私にとっての初めての海外となりました。私は生きているうちにできる限り色々な国へ行こうと考えています。日本にいるだけでは分からない他の国々の文化、物事に対する考え方、感じ方を実際にその場で触れてみたいのです。

スリランカへ行く事が決まってから、また不思議な体験をしました。

出張先で滞在したホテルでの出来事でした。

夜中の一二時頃、テレビを見ている時に視線を上へずらすと、私の目に映ったのは、何と戦国時代の武士が馬に乗った霊の姿でした。不思議な事に、馬に乗った武士の姿は、無色透明で、武士の上半身は見えず、武士の腰から足までが見え、馬は胴体と足四本しか見えなかったのです。その後すぐに、体から何本もの手が出ている人間の姿にとても似ている霊が見えました。そしてその直後には、とても、とても大きな体をした上半身の首から上がない人間の姿をしている霊を見たのです。

一日になぜこんなにも多くの霊的訪問者があったのか、その時はまったく分からず、怖くもありました。

この出来事をエナミ先生にお話しすると、

「まず、最初に君が見た馬に乗った武士の姿をしていた霊は、武田信玄公の護衛隊の人だよ。その後に見た二つの霊は、約二五〇〇年前からいるヒンドゥー教の神様たちだよ。人間が住むこの世と、霊が住むあの世があってね、この二つを繋いでいる宇宙のデータバンク（アカシック・レコード）があるんだよ。だからこの世で君がスリランカへ行く事を、宇宙のデータバンク（アカシック・レコード）を通じて知った、約二五〇〇年前からいたヒンドゥー教の神様たちが、君の事を確認するために武田信玄公の護衛隊の人が連れてきたのだよ」

と教えていただきました。この時、さらにエナミ先生から教わった事があります。それは、スリランカで私とマナミ・グレース女史が、霊的に襲われる確立が高く、私が霊的に襲われる事により、約二年の間、話せなくなってしまう確立が高い、という事でした。この話を聞いた時は、頭の中が真っ白になり、それでも、これも私が成し遂げなければならない試練なのだと思いました。そして私には、エナミ先生という本当に心強い味方と、スリランカへ同行するマナミ・グレース女史がいるので、多少不安を解消する事ができました。とは言え、この日からエナミ先生のおっしゃった言葉が頭から離れる事はありませんでした。

数日後、夜の一〇時過ぎ、友人の家から自宅までバイクで帰っている途中、四車線ある道路を右折しようとした瞬間、「パーンッ!!」という音が聞こえ、左手に何か違和感を覚えました。もしかしたら左手につけていたパワーストーンが切れてしまったのかな、とふと思い、自宅に着いてから確認すると、やはりその日つけていたパワーストーンはなくなっていました。そのなくなってしまったパワーストーンは、マナミ・グレース女史からいただいて、この日初めて身につけたものでした。パワーストーンはいろいろな物事から身を守ってくれると言いますが、まさかバイクを運転している最中に切れてしまうとは思いもよりませんでした。きっと見えない何かから助けていただいたのだなと確信しました。

スリランカへ出発の日、エナミ先生は成田空港まで私とマナミ・グレース女史を見送りにきてくださいました。

するとと別れ際にエナミ先生は、私に「何事も楽しく感じ、君らしく。日本とスリランカで離れてしまっていても私がついているから、気をつけて行ってらっしゃい」と言って、いつまでもいつまでも、大きな手で私たち二人の姿が見えなくなるまで手を振ってくださいました。

私は、エナミ先生の姿が見えなくなると、急にエナミ先生に言われた事を思い出し、初めての海外旅行にワクワクする気持ちと、不安な気持ちが交錯し、目頭が熱くなった事を今でも鮮明に覚えています。

この時は、エナミ先生と初めてお会いしてからまだ二カ月しか経っていなかったにもかかわらず、私の中でエナミ先生の存在は、とても、とても大きくなっていました。

エナミ先生と別れてから、マナミ・グレース女史と一緒に、アーユルヴェーダを共に学ぶツアー参加者たちの集まる集合場所へ向かいました。初めて皆さんと顔合わせをした時の印象は、ほとんどの方が私より年上で、どこか寂しげ、でも頼もしくも感じたのを覚えています。

日本を発ち、現地スリランカに到着すると、飛行機から降りる前に、エナミ先生から教えられていた事を思い出しました。

「スリランカに着いて、飛行機から降りて足がスリランカの土地についた瞬間、君の事を待っていたスリランカの霊たちが、君を頼りに一気に集まってくるから、飛行機から降りるまでに、私が開発した、霊から身を守り、霊が嫌がる特性の薔薇の香りのするサイキック・ポプリを身につけて降りなさい。そしてスリランカにいる時はできるだけ身につけていなさい」

私はスリランカにいる間、できるだけサイキック・ポプリを身につけておけるように、三つのものをつくりました。一つは、髪の毛を束ねる時に使用するシュシュをつくりました。サイキック・ポプリの香りを感じられるような生地を購入し、その中にサイキック・ポプリを詰め込み、髪ゴムとして使用したり、左手首につけて使用するようにしました。二つ目は、マナミ・グレース女史が考案した首から下げて、いつでも身につけられるものをつくり、三つ目は、常に持ち運びができるようにと、小さい巾着袋をつくり、サイキック・ポプリを入れました。

私は、この三つの用途でつくったサイキック・ポプリを身につけてスリランカの土地へ足を踏み入れました。すると空港にいたスリランカ人の何人かが寄り集まってきて、サイキック・ポプリを指差し、サンスクリット語で「これは何だ?」と聞かれているようでした。しかし言葉も分からず、私にはニコリと笑い返す事しかできませんでした。

スリランカ政府認定のアーユルヴェーダの資格を取得する参加者を、全面的にサポートしてくれるスタッフの女性一人と、スリランカの街並みや郊外を案内してくれる日本語が堪能な男性のスタッフ一人と合流し、皆でマイクロバスに乗り込み、講座を受ける場所と隣接している宿泊所、ホテルへと向かいました。

バスの中では、男性スタッフがスリランカでよく使う言葉を教えてくれました。「まず、胸の前で合掌したまま『アーユボウァン』と言います。意味は、『長生きしましょう』です。この言葉を使う場面は、初対面の人と出会った時、日中の挨拶などです。ホテルに着いたら、まずホテルのスタッフに『アーユボウァン』と言ってみてください。スタッフも『アーユボウァン』と返事をするはずですから」、と色々な場面で使える事を教えてくれました。

それから、頭の上で合掌すると、「神様に挨拶をしている」事と同じ意味を持つという事も教えてもらいました。

何はともあれ、移動中に一番驚いた事は、遊園地のジェットコースターに乗っている以上にバスの揺れが激しかった事です。二車線の道路にもかかわらず、前に車が走っていると、必ず追い越そうと車線変更をするので、車同士が接触してしまうのではなかと始終ハラハラしていました。日本では考えられないスリランカの道路事情に驚きました。このバスの揺れに初めのうちは、参加者一同「何これー!!」と口々に言っていましたが、時が経つに連れ、ほとんどの参加者が静かになり、止まる事のない激しい揺れに酔ってしまい、そのまま寝てしまった人が大半でした。幸運にも私は酔う事はありませんでした。そんな中、私たちのサポート役の女性スタッフは、始終大きな声で笑いながら話をしている姿を見て、私は、慣れというものは凄いなと感じました。

バスの中から見るスリランカの街の景色は、林が所々にあり、街灯が少ないせいかとても暗く、人もあまり見かけませんでした。屋台が何件か軒を連ね、天井からは果物が吊るされていて、バナナはどこにでもあるようでした。

もう一つ驚いた事は、道路沿いにとても大きな透明のガラス張りのボックスがあり、その中には神様の像が入っていて、そこにスポットライトが当たるようにしてある事です。日本にも観光名所の近くの道路沿いには神様の仏像を見かける事がありますが、スリランカのように道路を走っていて、短い距離の間でガラス張りのケースに入った神様の像はお目にかかりません。また、ガラス張りのケースに入っていない神様の像もあり、大変驚きました。

そんなカルチャーショックを受けながらも、空港から三時間ほどバスに揺られ、夜中の一二時を過ぎようとする頃、私たちはやっとホテルに到着しました。揺れの激しいバスからようやく解放されて、地面に足をつけた時には、今まで感じた事のなかったような安心感を覚えました。

ホテルでは夜中にもかかわらず、スタッフの人たちがお出迎えをしてくれました。私は車中で教わったように、胸の前で合掌し、「アーユボウァン」と言いました。するとホテルの方たち皆さんが言い返してくれ、会話をしている訳ではないのに、とても嬉しい気持ちになりました。その後、ホテルのシェフがつくってくれていた軽食（サンドウィッチ、春巻き）とチャイ（紅茶）をいただきました。スリランカでは紅茶が有名なので、すぐにチャイをいただきました。本当においしくて、心まで温まり、とても気に入りました。ホテルの部屋に入るとフルーツの盛り合わせがあり、この気づかいにもとても嬉しく思いました。

そして、エナミ先生に教えられた通り、部屋の四隅に塩とサイキック・ポプリを置きました。日本の水は軟水で、スリランカの水は硬水だという事をその時知りましたが、明日に備えて湯船にお湯を溜めていると、お湯の色が薄茶色なのでとても驚きました。

翌朝はホテルから少し離れた場所へ向かいました。

スリランカのキャンディ地方では、何かを始める時には、太鼓の音と共に歌声を響かせ、赤い衣装を着た男性たちがダンスをする「キャンディダンス」をおこなうという儀式があります。

この儀式がおこなわれ、それが終わると開幕セレモニーをおこなう場所へと向かいました。

一番前の列にはアーユルヴェーダの講師Dr.Pとその助手、日本から一緒にきたC先生が座り、その前に用意してあった椅子に私たちは座りました。そしてここでも儀式がおこなわれました。二mほどの置き物で、一番上に鶏のモチーフがつくられていて、四段に分かれて蝋燭を灯すようになっている置き物には、蝋燭が差し込まれていて、一人ずつ蝋燭に火を灯しました。全員が蝋燭を灯し終わると、今回私たちに関わってくださるスタッフの方全員が挨拶を始めました。Dr.Pの言葉は私の心に響きました。

「私は肩書きが嫌いです。今回の授業の目的を大袈裟に言うと、皆さんの人生を変える事です。そして、アーユルヴェーダ以外の事も学んで欲しい。本では生きたアーユルヴェーダは分かりません。皆さんはこのホテルに入ってきた時点から色々な学びが始まっているのです」

その後、私たちの一人ひとりの自己紹介が始まりました。私は緊張のあまり、何を言ったか覚えていませんが、自己紹介をしている最中に突然、「君はしばらく話せなくなってしまうかもしれない」というエナミ先生の言葉がよぎり、急に泣き出してしまいました。この時はなぜこれほどまでに気持ちが高まってしまったのか、自分でもよく分かりませんでしたが、今振り返ってみると、エナミ先生がサイキック・パワーで遠隔から守ってくれているとはいえ、まったく知らない外国へ行き、結局は自分自身で何とかしなければいけないのだと思ったら、突然気持ちが高ぶってしまったのだと思います。

ただ、その時も、いつもエナミ先生が話す、「人生楽しんだ人が勝ちなんだよ」という言葉を思い出し、私は（スリランカでは、どんな事があっても楽しく過ごそう）と決めました。

アーユルヴェーダは、キャンディ地方の山奥で学んでいましたが、その日は課外授業でスリランカの首都にバスに乗って皆で移動しました。バスの中から外を見ていると、たくさんの仏像を見かけました。その中でもとても大きな仏像を見かけた時、それが私が日本で見た、首から上がなくてとてもとても大きな上半身を持つ霊にとてもよく似ている事に気づき、それがその時の仏像だと確信しました。

この時、エナミ先生に教えていただいた言葉を身を持って実感しました。私はバスの中で一人身震いし、気持ちが高まっていました。このような出来事を体感、実感するたびに、エナミ先生にお会いした事の凄さ、直々にサイキックの使い方、感じ方を教わっている凄さを、改めて感じさせられます。

アーユルヴェーダと繋がりのある占星術と宝石によるヒーリングを教わっている時の出来事でした。授業で、「宝石は、人間によい事も悪い事も影響を及ぼす」という事を学んでいる時、講師の机の前に、小さな小さな象が二頭、私の目に映りました。この小さな子象二頭は、まるで透明な紙に細いボールペンで書いたように見え、一頭がタテ二〇cm×ヨコ一八cmで、平面的に見えました。二頭が頭を左にして、連なっているようにくっついている状態で微動だにしませんでした。周りの皆を見回してみましたが、小象二頭が見えているのは、私だけのようでした。

さすがはスリランカです。人間についているキツネなどの霊を見た事はありますが、日本では動物霊を見た事がありませんでした。おそらく動物霊にとって、日本は自然が少な過ぎるのでしょう。スリランカには、たくさんの自然があり、様々な生き物が人間と共存しています。そしてたくさんの神様もいて、中でもガネーシャと言う名の象の姿をした神様がいるのは有名です。

その二頭の小象を見た同じ日の午後八時過ぎ、夕食を終え、皆で部屋へ戻っていた時、ふと空を見上げると星よりもきれいに大きく輝く星を見つけ、「キレイだね」と皆で言い合っていました。するとマナミ女史が「あれＵＦＯじゃない？」と言いました。その場にいた誰一人としてその言葉を信じていませんでした。実際、私も「これがＵＦＯだ」という確信のできるものを見た事がなかったので、半信半疑でした。その時は、まさかＵＦＯだとは思いもしませんでしたし、スリランカでＵＦＯを見るとは思ってもいませんでした。

しかし、帰国してからこの話をエナミ先生にすると、「君が見つけ、マナミさんがＵＦＯと言ったのは、本当にＵＦＯだよ。そのＵＦＯは君とマナミさんを見守っていたのだよ」と教えていただきました。

数日後、スリランカの伝統的なヒーリングデモンストレーションをおこないました。みんなで一つの輪をつくって床に座り、左右にいる人と手を繋いで一つの輪になります。そして目をつぶり、Dr.Pの言葉に続き、皆が同時に鼻から息を吸い、息を吐き出しながら「オームー」と言います。これを何度か繰り返しているうちに、体が暖かくなってきます。体が暖かくなってエネルギーを感じ、ビリビリと体に電流が走るような感覚の時に、皆が同時に「オームー」と言っているように感じました。皆が同じ事をして、同じ事に対して集中する事で、一人のエネルギーが皆のエネルギーとして感じられるのだなと思いました。このように大人数でエネルギーを感じる体験をした事がなかったので、とてもよい経験になりました。

その後は、手でミステリーボールをつくったり、手だけでエネルギーの受け渡しをしたりしましたが、これらはエナミ先生に初めてお会いした時に体験した事と同じ事でした。

次の日には、スリランカ人であれば誰もが知っている歴史あるお寺、仏歯寺へ行きました。仏歯寺は、仏教徒のスリランカ人が仏陀の歯を安置している場所であり、民族の最高の象徴の場所なのです。仏歯寺を見学する時には、白い服を着て、肌が見えないような服装をします。見学をする前に二回ボディーチェックをされましたが、首から下げていたサイキック・ポプリの中に何か隠しているのではないか、と私は二回とも怪しまれ、探知機で入念に調べられました。

検問をくぐり抜け、靴を預けると、ようやく仏歯寺に入る事ができます。

階段を上っている途中には神様や象が彫られていて、中に入ると観光にきた人が必ず通る場所に、お寺のお坊さんが二人、太鼓を叩きながら神様に対し、日本でいうお経を歌うように唱えていました。

仏陀の歯が眠っていると言われる場所には長蛇の列ができていましたが、一瞬だけでも仏歯を見る事が叶いました。「一瞬」というのも、老若男女の多くの参拝者たちが仏歯の前で、長時間立ち止まらないように警備員が指示しているのです。

そして、この仏歯を見た後に知ったのですが、この日同行していたSさんが「私、三〇年以上仏歯寺に定期的に参拝にきているけれど、仏歯を見たのは、今回で三回目ですよ。皆さんは初めて仏歯寺に参拝にきたのに仏歯を見られて、本当に幸運ですよ。周りを見てください。仏歯を見たくて一日中参拝している人もいるのですよ」と言っていました。これを聞いて、私はなんてラッキーなんだろうと思いました。周りを見渡すと、確かにお母さんが赤子を抱いたまま床に座って、仏歯に向かい、何かを唱えています。そういう人が何十人もいました。

次の部屋では、仏陀と同じ大きさの足が彫られている石を見ました。それは一m以上もあるとても大きなもので、周囲の壁には、仏陀の歴史を書いた画が何枚も飾られていました。

その後外へ移動し、王室があったという場所へ向かいました。王室へ向かうまでの間は、非常に殺風景な佇まいでしたが、王室があったとされる場所へ一歩足を踏み入れると、何とも言えない暖かい感覚を体に感じました。しかし、一歩王室から遠のくと、不思議な事に、その暖かさは感じられませんでした。時刻は夕方を回っていて、肌寒いくらいだったので、その暖かさはそこに残存されたエネルギーなのでしょう。

マナミ・グレース女史にもその事を話すと、「確かに感じるわね」と同感の意を示していました。他の参加者の方も、「ほんとにそうね、王室があったと言われている場所に近づくと暖かいわね」と言う方もいれば、「私はあまり感じないわ」と言う方もいました。ただ、大半の方は、王室があったとされる場所にエネルギーがまだ残っている事を感じていました。

次の日の夜は、スリランカの占星術を受けられるという事で、予め生年月日を伝え、同時通訳の現地スタッフ同席のもと、占星術の先生にお会いしました。座ってからしばらくすると、頭が痛くなってきました。占いなどの仕事をしていると、どうしてもクライアントの霊的なものを吸ってしまいがちになります。それがこの占星術の先生から私の方へきてしまった事が頭痛の原因のようでした。やはりどこの国でも、占いの先生はいろいろな方から頼られ、色々な霊的なものを吸ってしまうのだな、と思いました。

スリランカの占星術で私の生年月日から導き出された事は、「火星の影響で一九九四年三月二八日から二〇一二年三月二八日までは全体的によくない」「気をつけた方がよい体の箇所」「結婚をするとよい時期」などを教えてもらいました。

私は昔から占いが好きで、つい信じてしまいがちでしたが、エナミ先生と出会ってからは、占いに対して少し考え方が変わりました。

ある日、エナミ先生とマナミ・グレース女史と私の三人で、エナミ先生の馴染みの飲食店へ行った時のことです。お店のオーナーが「私の占いによると、今日はお客さんがこない日なんです。それがエナミ先生がきてくださると分かってから、お店が混み始めてきたんですよ」と先生にお話ししているのを聞き、いくら当たると言われる占いでも、予測されている結果を変えられる事を目の当たりにしました。この日から、占いなどでよくない事も、自分なりに噛み砕いて受け入れられるようになり、逆にそのよくない事に気をつけるように心がけ、前向きにとらえて、状況を少しでも変える事ができると思うようになりました。

スリランカにきてから一一日目、本場のアーユルヴェーダを体験しました。マッサージの前に、まず医師に血圧と脈を測られ、質問用紙を渡されます。質問用紙の内容は、気質、睡眠、記憶力、信念、夢、感情、口調などの項目に分かれ、その回答によって、その人に合ったマッサージをしてもらいます。

ワクワクしながら初めてのアーユルヴェーダのマッサージが始まりました。全身マッサージ、シーロダーラ、ヘッドスパ、スチームバス、ハーブバスの順番で一つ一つを満喫しましたが、途中うたた寝をしてしまうほど、本当に心地よい時間でした。印象に残っているシーロダーラとは、額の上からセサミオイルを、第三の目と呼ばれる、目と目の間の眉間に垂らし、髪の毛にもそのセサミオイルを沁み渡らせていきます。その感触は、マッサージをしてもらっている訳でもないのに、とても心地よいものでした。スチームバスの中には、コホンバという木を一〇〇%使用しており、中にいる間ずっと木の香りを感じ、時間を忘れてしまうほどでした。

マッサージが終わり、シャワーから出ると、「体を冷やさないように」とジンジャーティーが用意されていて、体の芯から温めてくれました。シーロダーラ、スチームバス、ハーブバスは、手技では感じる事ができないリラックス効果があるのだと実感しました。アーユルヴェーダは、五〇〇〇年前からあると言われており、古代インドから伝えられている伝統医学です。エナミ先生からは、サイキック・パワーを使って、手だけで体の箇所を痩せさせる施術を教わっていたので、アーユルヴェーダには、どれだけの痩身美容があるのか楽しみにしていたのですが、サイキック・パワーを使った痩身美容には勝てないと感じました。

サイキック・パワーを使った痩身美容の凄さとは、例えば、お腹だけならば一回一〇分もあれば目に見えて変化を実感できます。ただし、それには施術を受ける本人が、心から痩せてキレイになりたいと思っている事とサイキック・パワーを信じ、サイキック・パワーを使う施術者を信じていなければ効果は得られません。その強い思いや信頼関係がないと、サイキック・パワーを受け取ろうとする細胞が機能せず、効果が現れないのです。この施術ができるようになった私は、アーユルヴェーダ・マッサージではどこまでできるのだろうと思っていたのです。しかし、五〇〇〇年の歴史を持つアーユルヴェーダでも、サイキック・パワーほどの力はないと身を持って知り、改めてエナミ先生から直々に教わったサイキック・パワーの偉大さに驚きました。

ただ、アーユルヴェーダ・マッサージでは、クライアントに対する心使いの点で学ぶべきところが多々ありました。私を施術してくれたセラピストは、何度もクライアントの様子を観察し、ケアをしてくれていて、クライアントを思う気持ちがこちらにも自然と伝わってきて、さらに気持ちをリラックスさせてくれました。

こうして一四日間の濃密なアーユルヴェーダ・インストラクター要請講座を終え、スリランカ政府認定組織の団体スリランカ・アーユルヴェーダ医学協会（ＳＬＡＭＡ）のインストラクター資格を取得しました。スリランカを発ち、無事日本に帰国すると、エナミ先生が成田空港まで迎えにきてくださったのですが、遠くから手を振っても気づかず、近づいてやっと私に気づいてもらえました。というのも、私がスリランカであまりにも霊的にむくんでしまったため、まったく気づかなかったそうです。

やっと一息ついた時、喉が渇いて自動販売機で飲み物を買った後、エナミ先生、マナミ・グレース女史と共に空港内のお手洗いへ向かいました。それぞれ荷物が多かったので、ハニワ像を待ち合わせ場所に、交替でお手洗いへ行きました。

その後、そのまま出張先へと移動している最中に喉が渇き、先ほど購入した飲み物を鞄から出そうとしたのですが、なくなっているのです。いくら探しても見つからず、見兼ねたマナミ・グレース女史が「さっき鞄の中にしまっているのを見ていたけど、変ね」とつぶやきました。

そして出張先に到着したその晩、スリランカへ持って行っていた寝間着をスーツケースから出そうとしたら、飲み物がなくなってしまったように、なくなっていました。

こんな風になくなってしまうのはおかしいと感じ、エナミ先生に話してみると、「空港でお手洗いへ行った時に、待ち合わせ場所にしていたハニワ像に飲み物と寝間着を持って行かれたのだよ」と教えていただきました。この時は「まさかぁ……」と驚きを隠せませんでした。しかし不思議な体験は自宅に帰るまで続きました。出張先から自宅に帰り、スーツケースを開いてみると、なくなったはずの寝間着が一番上に入っていたのです。何度も何度も探して見つからなかったのにもかかわらず、本当に驚きました。そしてエナミ先生にもこの話をすると、「空港にお手洗いに行った時に、ハニワ像が飲み物と寝間着を持って行き、飲み物はハニワ像が喉が渇いていたから持って行ってしまって、寝間着は必要がなくて返してきたのだよ」と教えてくださいました。

そうしてやっと日本での日常を取り戻した頃、スリランカでDr.Ｐからアーユルヴェーダを学べて本当によかったと実感しました。なぜなら、Dr.Pは、エナミ先生同様、「人生は楽しんだ人の勝ち」というような意味で、「皆さんは人生を楽しんでいますか？　そして人生を一緒に楽しめる仲間はいますか？　そして『人生は楽しんだ人の勝ち』と教えてくれる人に出会いましたか？」と言っていたからです。

平成二二年春、私はマナミ・グレース女史と恵林寺へ向かいました。恵林寺には、マナミ・グレース女史と私を常に護衛してくれている、かの有名な戦国武将「甲斐の虎」とも呼ばれた武田信玄公が眠っているお墓があると言われています。エナミ先生から、武田信玄公とは前世で繋がりがあると聞いていたので、恵林寺には非常に興味があり、気持ちも凄く高まっていました。私は、武田信玄公に何かお供え物をしたいと思い、エナミ先生にどんなものがよいか聞くと、「甘い物がいいと思うよ」と言われました。例えお供え物ができなくても、気持ちだけでもと思い、マナミ・グレース女史と一緒にドラ焼きを選び、恵林寺へ持参しました。

春に訪れたこともあり、お天気もよく、桜が満開でした。恵林寺に着くとすぐ、目に見えるものすべてが新鮮に映り、心身共に安らぎを感じました。恵林寺には年配の方が多くいらっしゃいました。通常、年配の方が集まる場所に一緒にいるとエネルギーを吸い取られると言いますが、ここではそんな事を感じさせないほどでした。

一通り恵林寺内を参拝し終わると、マナミ・グレース女史とは別行動となり、その後、マナミ・グレース女史は急用ができ、「今晩は別々に泊まる事にしましょう」と連絡が入りました。

慣れない土地で過ごす事や一人で寝る事がとても苦手な私は、お風呂にも入らず、なかなか寝つけずにいました。布団を敷いて、テレビを見ていた時、ふとテレビの横にある襖を見ると、襖の左側前に真っ直ぐ立っている一体の霊が見えたのです。全身を鎧でまとい、全身の高さは襖よりは低く、一八〇cmほどでした。横幅は襖一枚分ほどなのですが、正面から見ると全体が立体的に見えました。言葉を発する事もなく、一分ほど経過すると、黒い光と共に武士の霊はいなくなりました。

この霊が見えた瞬間は少し驚きましたが、すぐにエナミ先生がいつもおっしゃっている、「いつも私と武田信玄公の家来たちが、君の事を護衛しているから安心してください」という言葉を思い出し、きっとこれは、信玄公の家来が護衛にきてくれたのだなと感じ、逆に安心しました。この出来事により、安心して眠りにつく事ができ、翌朝は安心してお風呂にも入る事ができました。

後日、この出来事をエナミ先生に話すと、「その時も君の周りにいつも私のお友達である武田信玄公の家来が護衛してくれていましたね！　私もついていますから安心してください」と教えていただきました。

エナミ先生と出会ってから、目に見えないものが見えるようになってきました。誰もが目に見えないものに助けてもらっていたり、目に見えないものに支配されている事もあるのです。

サイキック・ヒーリング・アートの本当の意味は、「目に見えないものの大切さに気づいて欲しい」という事です。

これから世界の人々に問われる事は、一人ひとりが目に見えないものの重要さに気づく事ができるかにかかっているのです。

第2章

神々の棲まう国

I

アーユルヴェーダな生き方の薦め

最近よく考えるのは「ストレス社会をどう生き抜くか？」という事です。

実は、サイキック・カズ・エナミ氏と出会ってから、体重が六kgほど増えてしまいました。その理由は、一つ目に「ストレス」、二つ目に「自分に対する外からの防御」と判明しました。前述したように、私はミディアムタイプ（霊媒体質）のため、サイキック・カズ・エナミ氏のパワーの影響も受け、非常にムクミやすくなっていたのです。

仕事上、人と会ったり、食事をしたりしている間、どうしても自分以外の他の方から霊的なものを受け取ってしまう事が原因でした。とはいえ、引きこもりのように、人と会わず、友人、知人にも会わずに暮らす事はできません。その頃、私が以前から持っていたセンサーが可動し、自動的にムクミが体に溜められてしまったようです。

食事量が異常に多いという訳でもないのに、顔も体も風船のようにどんどん膨らんでいき、マシュマロのようになってしまいました。私は悩んだ末、非常に優れたイタリア製の機械を扱う痩身エステサロンに通う事にしました。「ここに通えば大丈夫！」というお墨つきのサロンだったのですが、通い出しても変化がなく、エステティシャンの方も躍起になって機械を体に当てているのですが、ダメでした。

私は、ストレスが溜まり、とうとう友人に相談をしたのです。すると友人が「ムクミを取る施術をできる人を紹介するから、そちらへ行ってみたら」と助言してくれました。そこで施術を受けると、タイヤがしぼんでいくように体のムクミから解放され、体調もよくなりました。やはり自分にとって必要のないエネルギーまで溜め込んでしまっていたようです。サイキック・カズ・エナミ氏からは、

「そうだね、今の段階は、一枚のフィルターにも覆われていない状態の時期だからね。ある程度ムクミが出てしまうのは仕方のない事だよ。しばらくすれば、エネルギー交換が可能になってきますよ」

という言葉をいただきました。しかし、私からしてみたら、「それはいつ頃になればできるようになるのかしら？」「それまでは運動をしてもあまり変化や効果がないって事なのかしら？」と思いましたが、それでもジムに通い始めました。代謝も少しずつ上がって

いったのですが、肝心の体重は減らず、体脂肪率もあまり下がりませんでした。やはりダメなんだ、と私はまた落ち込みました。「エネルギー交換ができるようになる時」がくるまでは、何をしても無駄なのかも知れないと思うと、何とも言えない気持ちでした。

この時の私のストレスは相当なものだったらしく、半分ノイローゼのようでした。女性にとって、「美と健康」は永遠のテーマで、生きていくためのスパイスの役目を果たしています。過剰なストレスは「美と健康」を脅かし、ストレスを感じるだけでセルライトが増えるという事実もあります。なので、私は、なるべくストレスを緩和させるよう努力して過ごしていました。

二つ目の「自分に対する外からの防御」については、これほどまでにムクミが出てしまった自分を認めたくないという自分がいたという事です。

つまり、「本当の自分はこんなはずではない」「自分の存在を認められない」という状態が続き、自分自身を認められず、自分に対して敵対心を向ける事で、自分を防御していた事が、私にとって非常にやっかいな事でした。

その思いをサイキック・カズ・エナミ氏に打ち明けました。

「マナミさん、自分を認めてあげなければなりませんよ。頑張っている自分、落ち込んでいる自分、嫌な部分を持っている自分。それぞれの自分を自分自身で一番に認めて、一番に許してあげなければ、自分がかわいそうでしょう」

「でも私、今の自分がどうしても許せないのです。何もかも」

「ヒーラーは、自らが自分のヒーラーでなくてはならないのだよ」

私はそれから、サイキック・カズ・エナミ氏の言葉を思い出しては、自分と素直に、無理をせず、向き合っていくようになりました。

そんな時期、以前から興味のあったスリランカへ旅立つ事になりました。アーユルヴェーダの勉強をして、スリランカ政府が認定するアーユルヴェーダ・インストラクター資格を取得し、一枚しかない自分のフィルターに、二枚目のフィルターを覆うための自分自身の修業をも目的にした旅でした。

一昨年前の事です。「光輝く島」という意味の国名を持つスリランカを初めて訪れました。仏教徒が大半を占めるスリランカは、過去にお釈迦様が三度訪れた国で、仏歯（お釈迦様の歯）を納めた「仏歯寺」がある事で有名です。

そのスリランカで私は、アーユルヴェーダ（サンスクリット語：宇宙の科学）を学びました。アーユルヴェーダは、インドとほぼ同時期にスリランカへと伝わり、約五〇〇〇年の歴史を持つ伝承医学（伝統医学）です。治療法の多くは、薬効植物（ハーブなど）を煎じたり、砕いたりして使用し、病気や伝染病から人々を守ってきました。その伝承医学の歴史の中でも特に感銘を受けたのは、人と人とのコミュニケーションの自然な成り立ちでした。

例えば、アーユルヴェーダ医師が、怪我や病気を治す時、その医師が処方したハーブが必要となります。その際、家族や友人、村人たちが、ハーブを探して採ってきたり、治療を受ける時にはつき添ったままの状態であったりするのです。

日本では、もちろん家族や友人は心配はすると思いますが、そこまで自然なコミュニケーションを取れるのでしょうか。自分を表現する事をためらったり、他人にどう思われるかなどと考え、自分の心や体の声を素直に聞く準備が整っていないような気がしてしまいます。

確かにスリランカのような豊かな自然は日本にはありません。まして都会の真ん中では自然など感じる事もなく過ごしています。しかしここで、「ストレスは自分の外側にあるのではなく、自分の内側に存在している」という言葉を学びました。つまり、自分の気持ち次第という事でしょう。

自分の心の声を無視し続け、無理に無理を重ねると、未病だったはずのものが、いつの間にか病気になっていたりしています。知らず知らずのうちに、自分でストレスを積み重ねていっているのです。

アーユルヴェーダでは無理をしません。私は、修業は、日々の日常の中にこそ存在していると考えていましたが、今回、まったく新鮮な場所で、自分自身を客観的に見つめ直す機会に恵まれて、改めてその事に気づきました。おそらく、日本で変わらずにせわしない生活を送っていたら、自分の本質を素直に認めてあげるなどという気持ちにはならなかったかも知れません。

アーユルヴェーダの授業の中で、ヨガのクラスがありました。朝七時から一時間ほど、プールサイドにヨガマットを敷き、授業が始まります。

最初は呼吸方法、そして柔軟運動、太陽礼拝とおこなっていきます。この時、私は呼吸の大切さを実感しました。慌ただしく毎日を過ごしていると、自ずと呼吸は浅くなっていきます。この時は、緑と風と太陽の中で、久しぶりに深い呼吸をし、本当に久しぶりにプラーナ（気）を体に取り込み、エネルギーを取り入れたような感じがしました。それからというもの、霊的な影響で体調が悪くなりかけた時には、必ず、まず息を吐き切ってしまい、そしてよいプラーナ（気）を十分に吸い込んで、体内の細胞の各所へ行き渡らせるように努力しています。

また、その人自身が持って生まれた特性や体質を重要視して、タイプ別に治癒力を向上させて、それを維持していきます。食べ物、生活習慣を大切にし、適度な運動を取り入れます。そして瞑想とヨガを組み合わせ、朝早く起きて清々しい大自然の中、太陽と小鳥やリスの話し声、サヤサヤと揺れる木々の緑の音と風、そして青い空に浮かぶ白い雲を感じながら、すべてと一体になる事も学びました。

スリランカから日本に戻ってきてからも、すっかりヨガにはまり、実践し続けています。イメージを心に描きながら、瞑想とヨガを自宅で試みました。不思議な事に穏やかな気持ちになり、気分をリフレッシュする事ができるのです。その日の体調や気候、気温によって、自分自身の体の新たな発見があり、自分を客観的、内観的に理解できるようになりました。

ヨガと瞑想を組み合わせる事により、ネガティブな感情やエネルギーなどは、いつのまにかポジティブな感情やエネルギーへと変わり、いまやムクミの不安からも解放されています。

Ⅱ

アーユルヴェーダ・エピソード

①チャンティング（詠唱）

今日はチャンティング（詠唱）を唱えていただく日です。三人のお坊さんがオレンジ色の法衣を着て、部屋の前方にあるテーブル席へと向かって歩いてきます。私たちは、結婚式の時と同じ、ライスシャワーでお坊さんたちを出迎えました。ライスシャワーには、お清めやハッピーなエネルギーといった意味があるのです。

テーブルの上には、中央に大きな器があり、ココナッツの花が枝ごとたくさん挿してあり、その器の手前にキンマの葉が束になって置かれています。ココナッツの花や枝は、天界（宇宙）からのエネルギーを集めるためのアンテナの役割があり、キンマの葉は、仏教の宗教儀式や祝辞などには必ずお供え物として一緒に捧げられます。

伝説にもありますが、キンマの葉は、コブラの世界からコブラの王によって、現世に持ってこられたとされています。毒を持ったコブラがキンマの葉の尖った先と、葉脈の部分を重ねてくわえていたため、その部分には毒があると信じられ、千切って使用されます。スリランカの人々は、キンマの葉と砕いたアレカナッツを一緒に噛む風習があるそうです。

三人のお坊さんは席に着き、その手には白い糸を持っています。私たちは横三列に並んで座っていて、私は右側の最前列にいました。お坊さんたちが持っている白い糸は、どんどん長くなっていき、最初に私に手渡されました。その糸は左へと順に手渡されていき、二列目へ。二列目は右へ、三列目は左へ、と全員に行き渡っていきます。すると、なぜだか糸を持っている手にジンジンとエネルギーが伝わってくるのです。まだ何も始まっていないのに何だろう、と思っていると、蝋燭が灯され、お香が焚かれ始めました。厳《おごそ》かな雰囲気でチャンティングが始まりました。

配布されたプリント用紙には、左側に原語、右側に日本語訳が書いてあります。原語の上には、カタカナで読み方が書かれていて、それを見ながら、皆一緒にチャンティングをするよう指示されました。

一人のお坊さんがチャンティングし始めると、二人のお坊さんもそれに加わり、すごく重厚できれいなハーモニーを奏で出します。私は緊張しながらも一緒に唱えていましたが、途中からすっかりどこを唱えているのか分からなくなってしまい、仕方なくその荘厳な歌のようなハーモニーに聴き入っていました。目をつむると糸からもエネルギーを感じ、部屋中からもエネルギーを感じ、頭の上から足の先までエネルギー・シャワー（体中にシャワーのようにエネルギーが流れる状態）が降り注いでいるようでした。言葉は全然分からないけれども、私は今教えを受けていて、それを受け取っていると感じました。とにかく体が熱くて、汗が吹き出てきました。

しばらくすると現地スタッフの方が「今唱えているのはここよ」と教えてくれて、ようやく私はまた皆と一緒にチャンティングに参加できました。一生懸命唱えていると、心が落ち着き、浄化されていくのを感じます。

このチャンティングには、カスミン・グレースも参加していました。最前列に座っていた私は、「汗が吹き出すほど、すごいエネルギーが伝わってきたね」と言うと、後ろの方の列にいたカスミン・グレースは、「えっ？　何も伝わってきませんでしたよ。前列の人たちでエネルギーを全部吸い取られてしまったんですね、きっと」と話していました。きっとそうなのだろうなと納得してしまいました。

エネルギーは高次な天界から降り注ぎます。天界に包まれて存在している宇宙は、プラスとマイナスのエネルギーが混在しているように、天界と融合しています。その中に様々な星や地球も混在し、また、地球に住んでいる私たちも混在しています。

ブラックホールとホワイトホールがあるように、善と悪も混在しています。しかしそれはある意味で融合もしているのです。

その宇宙の大きなエネルギーや私たちの持つエネルギーも絶えず動いていて、エネルギーは、いつも宇宙から私たちに降り注いで届いているのです。その事に気づくと、目に見えているすべての物質にもエネルギーがあるという事が分かるようになります。

宇宙からのエネルギーは、エネルギーの弱まっている人へと降り注ぎます。その人のエネルギーが十分に貯まるまで、どんどん吸収されていきます。そのため、ものすごくネガティブな人や暗い人、体力的に調子が弱まっている人などに会うと、私のエネルギーがすぅーっとそちらへ流れていく感覚が鮮明に分かります。

エネルギーやサイキック・パワーのコントロールの仕方が分かるまでは、弱っている相手に五分ほど会っただけで、エネルギーが流れ出てしまい、一時間後には、私は抜け殻のようにだるく疲れ切っていて、相手は元気いっぱいで帰って行くという事もありました。

また、知人が住んでいたマンションの近くに自殺者や自殺志願者がよく泊まるというビジネスホテルがありました。その知人の家に泊まった日は、夜中二時頃からそういった人たちからの念が入り込み、室内は寒く冷気が漂ってきて、寒気と吐き気で具合が悪くなり、大変な事態でした。知人はその後、やはり自分の運気にもかなり影響するとの事で、引っ越しをしました。

自分自身の事で言えば、電車に乗っていたり、街中を歩いていたりしても、この駅から先は波動がガクンと落ちるとか、この道から向こうは波動が悪いなど、今では感覚も冴えてきました。そしてスリランカでは、とにかく歴史的にも伝説の通り、神々の多さ、自然霊の多さを実感し、その上不思議な体験もありました。それも私にとっての修業でした。

実は、スリランカに発つ前、サイキック・カズ・エナミ氏より「色々あると思うけど、頑張っておいで」と言われていました。出発前、私はサイキック・アタックから自分の身を守るため、アイディアを絞り、サイキック・カズ・エナミ氏が開発した「サイキック・ポプリ」を使って、手づくりのリースの首飾りと髪留め、ブレスレットなどをつくっていました。現地では、大活躍をしてくれて感謝の一言に尽きます。ポプリが守っていてくれた分、帰国して成田空港に着いた頃には、リースの首飾りのポプリは半分に減っていました。

このポプリは、一見すると普通のポプリのようですが、ものすごいパワーを秘めていて、悪いエネルギーから身を守ってくれます。薔薇の香りがするので、お部屋や玄関のインテリアを兼ねて、空間を浄化し、悪いエネルギーをはねのけてくれます。

現在の私は、スリランカの自然霊が三体頼ってきた事による免疫や、ごく普通の日常生活の中で起こる事象で、一時的に自分のエネルギーが弱くなってしまったとしても、また宇宙（天界）からのパワーやエネルギーをチャージすればいいのだ、という事が分かったので、以前のように人の多い電車やバス、新幹線などの交通機関で具合が悪くなったり、気持ちが悪くなったり、頭痛がしたり、といった事はほぼなくなりました。ただ、強い念波がきた時やふとした瞬間には、空咳が出る事があります。私の場合、特に念波に対して敏感に察知するようで、交通事故のあった交差点、危険の迫る時、人からのジェラシー、悪念波、怒りなどのネガティブなエネルギーは、私の体の右側のどこかに「痛み」として教えてくれます。その「痛み」の場所や度合いは、ネガティブなエネルギーの強さによって違ってきます。

それでもようやく経験を積んできた事で、少しずつ免疫が身についてきたようです。結局、怖がって何もしないで逃げてばかりいたら、何の成長もないという事です。まだまだ未熟者ですが、私もサイキック・カズ・エナミ氏のように心を広く、優しく、正しい考え方のできるサイキック・ヒーラーを目指している最中です。

②ジャック・フルーツ

朝六時四五分に集合して、バード・ウォッチングをする授業の日は、以前富山大学に勤めていた方が引率してくれました。

私たちがスリランカへ行った時期は、雨季であったにもかかわらず、雨が降らず、降ったとしても授業中のスコールや外へ出て見学や実習のない日でした。ただ、私たちがスリランカへ到着する前日までは毎日のように雨が降っていたそうです。スリランカの神々や自然霊たちのご機嫌が麗しかったのか、神様が応援してくれていたのか、天候には非常に恵まれました。

バード・ウォッチングが、こんなに早い時刻から始まるのは、朝ご飯を食べる鳥たちが、活発に木から木へと飛んで集まってくるので、通常より、よりたくさんの種類のカラフルな鳥を観察できるからなのです。

キレイなイエローグリーンの鳥、赤い羽根の鳥、黄色い模様の鳥、とても小さなカワセミのような鳥、日本にいる雀のような鳥、それぞれがせわしなく飛び回り、さえずりも楽しそうに響いてきます。

場所はキャンディ高原地帯にあるホテルの、広大な敷地内をめぐる道でした。坂道を登ったり、下ったりしながら、ハーブの木やスパイスの木を眺め、ブラック・ペッパーを齧《かじ》ったり、クローブの実の採り方を教わったりしながら歩いていきます。ナツメやジャック・フルーツの木などがあって、実もたくさんなっています。道端にはジャック・フルーツの種が落ちていて、先生が、「拾ってみて！　フライにして、塩をかけて食べるとおいしいのよ。今晩シェフに頼んでみたら？」と言うので、皆で実を拾い集めました。

歩く事約一時間、皆疲れてきた頃、私は冷や汗のような汗をかき、とてもだるくなってしまい、頭痛もしてきました。私は日射病になってしまったのではないかと思い、早くバード・ウォッチングが終わる事を願っていました。

午前中にもかかわらず、やっと元の道の近くまで戻ってきた頃にも、太陽の日射しはサンサンと降り注いできます。帽子にサングラス、長袖シャツに長ズボンという出で立ちは大正解でした。もう少し歩けばホテルの離れに位置するアーユルヴェーダハウスに辿り着きます。

ハウスの前に着いて、皆が和やかに話していると、バード・ウォッチングに同行していた庭師のおじさんが、ハウス前にある石垣の上に大きなバナナの葉を敷き、おもむろに大きな実、ジャック・フルーツを横に倒して置きました。小型の斧のようなナイフで、縦にザクッと切れ目を入れると、ぱっくりと外殻が割れて、中身が見え、周辺には甘いフルーツの香りが漂い始めました。中身は、いくつにも実が分かれていて、おじさんは、次々に取り出してはお皿に乗せていきます。石垣の上には白いお皿が二枚、塩とブラック・ペッパーが別々に用意されていました。

最初はジャック・フルーツだけで食べてみると、固いグミのような、ナタデココが少し固くなったような食感で、とてもおいしい。でも、現場スタッフや先生たちは、塩とブラック・ペッパーをつけて食べていたので、私も試してみました。少しずつ、両方をつけて食べてみると、ジャック・フルーツだけで食べるよりも、ものすごくおいしくて、私はびっくりしてしまいました。実際私はこの味にはまってしまい、7個も実をたいらげてしまいました。暑さと湿気で疲れた体に、甘い・しょっぱい・ピリっと辛い、が相まって、極上のデザートでした。

アーユルヴェーダで大事なのは、何かを食べるだけではなくて、どのように、どれくらいの量を食べるか、なのです。また、アーユルヴェーダの食事療法では、六つの味（ラサ）と性質（グナ）のものを食べるように心がけ、偏った味つけや、同じ種類のものばかりをとらないように気をつけます。そのため、伝統的な家庭では、化学調味料や保存料を使用したインスタント食品は使用しません。

六つの味（ラサ）は、「甘・酸・塩・辛・渋」を示し、摂取される食事の栄養やエネルギーなどを体内に伝え、ドーシャ（体質）のバランスに影響を与えます。

つまり、先ほどのジャック・フルーツの食べ方もフルーツの甘さだけでなく、この考えに基づき、バランスを整えた食べ方だったのだと納得しました。それによって、体の疲れや脱水症状、頭痛が緩和されたのです。

それにしても、ジャック・フルーツは手掴みで食べるのですが、非常に粘着力が強く、右手も左手もネバネバになるのです。まるで柔らかいガムが両手にくっついてしまったようで、ペーパータオルで拭ってもまったく取れません。そこへ（現地の）スタッフがお皿にオイルを入れたものを持ってきてくれました。そこで手をこすり合わせ始めると、手についたネバネバが落ちていくのです。油で手を洗うと、ジャック・フルーツのネバネバは取れるのでした。

あの暑いスリランカで食べたジャック・フルーツは極上でした。おそらくあのスリランカのワイルドなジャングルの中で食べたからこその味だったのでしょう。幸せな気分が続き、楽しいバード・ウォッチングの締めくくりでした。

③伝説のマウント・ラヴィニャ

私たちが宿泊していたキャンディ高原から、ロデオバス（ロデオに乗っているようなバスだったので、私はそう呼んでいた）で、約三時間半の道のりで、首都コロンボに向かいました。その日は、スリランカ政府が公認している、アーユルヴェーダの化粧品・常備薬・アリシュタ（薬用養命酒）・ハーブティーなどを製造している国内最大の工場を見学しに行きました。

コロンボは、歴史も深く、白い大きなイギリス調の建物や街路樹など、長い年月を過ごしてきたのだろう、と思わせる町並みでした。店の前や横には水牛がどっしりと座っていたり、街中をバスで通ると牛や水牛が散歩していたりします。

若い娘も主婦もおばあちゃんも、どんな体型でも色鮮やかなサリーを見事に着こなし、サリーを風になびかせながら颯爽と地面を踏みしめながら歩いています（ビーチサンダルなどを履くようになった今、裸足で歩いていた頃より、病気にかかりやすくなったと言われています）。外を眺めているだけで飽きませんでした。

（スリランカへ行ったら絶対にサリーを買おう）と決めていたので、都会的な街のデパートのような所へ行った時には、たくさんの商品の中から気に入ったサリーを購入しました。中には地元の宝石店で宝石を購入している友人もいました。

ここで、宝石と深い関わりを持つ、スリランカの不思議な儀式「ライム・カッティング」のお話しをします。

アーユルヴェーダの教えの中に、薬効植物やその他の発汗療法やパンチャカルマでのデトックスが本人に効果を現さず、回復の兆しが見えない場合は、宇宙の「九つの惑星の悪影響」がその本人に及ぼされている、というものがあります。その場合、村の祈祷師を呼び、「ライム・カッティング」という儀式をおこないます。この儀式は、日本でいうお祓《はら》いのようなものです。この儀式では、古代から広く使用されてきたミルラ（別名：没薬／

マー）という樹脂のハーブを焚きます。このミルラで古代エジプト人はミイラをつくり、ミルラの優れた殺菌作用を活用し、また「新約聖書」のイエス・キリスト誕生物語では、黄金、乳香（別名：フランキンセンス）と共に捧げられたとして有名です。ミルラには気持ちを落ち着かせ、精神を研ぎ澄ます作用もあると言われています。

芳香性物質には、目に見える物質的なもの（樹脂など）と目に見えない無形なもの（香り）との両方が含まれているため、物質世界と精神世界を繋ぐものとして活用され、宗教的な行為にはとりわけ重要視されてきました。

お香が宗教儀式で広く使われているのは、お香を焚いて、そこから出た煙が、香りを運び、神に祈りを届けてくれると考えられているからです。

私は生まれて初めて、このミルラが焚かれた香りを嗅いだ時、存分に楽しみました。白い煙は何とも言えず厳かで、人間のルーツにまで思いを馳せる事ができるくらい幻想的で、それでいて現実的な香りでした。

皆が集まったその場の空間がミルラの聖なる香りで満たされ、浄化されていき、エキゾチックな世界へと導かれていきます。

するると突然、二人の祈祷師が呪文を唱え出します。首からは横長の太鼓を紐で吊るし、胸当てのような装飾を施した格好で、右左右右左……と太鼓を叩き続けます。

部屋の前方には祭壇があり、縦に三つ、横に三つ、計九つの升目のある木枠にココナッツの花、枝、葉が飾られています。これをアンテナにして宇宙からのエネルギー、特に「九つの惑星の悪影響」を帯びているエネルギーをここに集めて、昇華させるのです。

最初の段階では、神様にこの場へきていただくための許しを請い、許しが得られると、九つの惑星の悪影響を受けている人が部屋の中央に座ります。二人の祈祷師は、祭壇の方へ五歩、座っている人の方へ七歩、祭壇の方へ五歩、座っている人の方へ七歩、と行ったりきたりを繰り返し、座っている人の頭上でライムを真っ二つにカットします。そのライムの切り口で、九つの惑星の悪影響をどのくらい受けているのかが分かり、座っている人(足は伸ばしている)の足先に置いてある、水の張ったボウルの中へ、祈祷師はポイッとライムを投げ込みます。そして判断するのです。悪影響を受けている人には、再度呪文が唱えられ、ライムカットがおこなわれます。儀式がおこなわれている間は、絶えずミルラが焚かれ、前方の九つの升目のある木枠にエネルギーを集めて昇華し続けるのです。

スリランカでは、占星術(アストロジー)と宝石が深く関わっていました。この世に生まれてから、九つの惑星がその先のその人の生きていく人生に、何かしらの影響を与えていると考えられ、信じられています。

占星術で様々な事を割り出していくには、その人の生年月日を活用して、その人が生きていく間のどの段階で、九つの惑星がどのように影響していくのかが分かります。その人生の中での悪い出来事を最小限に食い止めるために、その魔除けやお守りとして、九つの宝石を指輪やネックレスにして身につけるのです。注意する事は、人それぞれに必要とする石の種類が異なる事と、石全体が直接肌に触れるようなデザインのものを身につける事です。

ネパール人の知人も九つの宝石の話をしてくれた事がありました。その話を聞く限り、同じルーツ、同じ目的のようでした。

九つの宝石には、ルビー、パール、レッドコーラル、エメラルド、イエローサファイヤ、ブルーサファイヤ、ヘリナイトガーネット、パパラチア（ピンクorオレンジ）、ダイアモンドなどがあり、色（カラー）によるヒーリング効果も含まれています。色にはその特性があり、脳の視床下部を通して電気（インパルス）で伝達されています。例えば、ブルーは、海・空・水を想起させ、冷静さをもたらし、敵をつくらない。赤は、太陽・火を想起させ、情熱やパワーを感じたり、表現できるようにします。

このように石は深く人間の歴史の中に関わっていた事がよく理解できます。

バスに揺られ、有名なマウント・ラヴィニアホテルにやっと到着しました。

コロンボの南へ約一二㎞の場所に位置するマウント・ラヴィニアは、黄金色に輝く砂浜とインド洋に突き出た小さな岬を持つリゾート地で、イギリス植民地時代は、歴代の総督たちの避暑地として開かれ、スリランカ最古のリゾート地と呼ばれています。そしてこの地には、一人の総督と美しい娘の伝説が語り継がれているそうです。

マウント・ラヴィニアホテルは、コロニアル調の建築で真っ白な外観を保ち、素敵な制服を着たベルボーイが迎えてくれました。フロントから階段を数段降りると、大きなソファがあり、大きくてきれいに磨かれた窓からは澄んで美しい海が見渡せます。宿泊客の多くは、ヨーロッパ系のオシャレな外国の方たちでした。

食事はおいしくて、種類も豊富です。そして何よりも雰囲気が素敵です。食後には、ライトアップされているプールを通り過ぎ、インド洋を臨むお散歩です。コロンボの街の明かりがきらきらと光り、空を見上げれば星と月が瞬いていました。

朝食の前にも皆で散歩をする事になり、迷路のようなホテルの廊下や階段を抜けて、目の前に広がるインド洋に清々しい気持ちで臨みました。

④ナチュラル・スピリット（自然霊）

スリランカでの生活や毎日の授業にも慣れてきて、最終日も近づいてきたある日、その日は天気もよく、朝のバード・ウォッチングでも大自然に感動していました。でもこの日は朝から頭痛に悩まされていて、朝食の時も頭痛は治まらず、熱中症を疑うほどでした。いつも以上に水分をとり、糖分も多くとるようにして一日を過ごしていました。

ところが頭痛は治まるどころか、どんどんひどくなっていき、頭がぼーっとして、体は重たく、だるいばかりでした。私は、ミディダムタイプ（霊媒体質）なので、これは何かの現象に違いないと思い、自然塩を入れたバスタブに浸かって、全身を洗い清めました。それによって、霊的なものが抜けて、体が楽になっていくのです。その時も若干さっぱりして、バスルームから出たのですが、なぜか少し、薄ら寒いような気がしました。先ほどよりは、楽になったのですが、頭痛は相変わらず続いていました。

それから時間が経つに連れ、頭痛はひどくなる一方で、何をしていてもガンガンとひどい痛みが続きました。

しばらくすると、その日のスケジュールにはなかった予定をC先生が部屋まで知らせにきてくれました。「夕飯前の七時には集合するようにね」と伝えられ、私は了解の旨、返事をしました。

七時まではあと一時間ちょっとある、頭痛が治まるよう願いながらベッドに横になっているうちに、そのまま眠ってしまいました。

ハッと気づいて起きると、集合時間を一五分も過ぎていました。私は頭が働かない状態のまま、階下へと向かいましたが、すでに集合場所には誰も見当たらず、辺りを見回すと、何となく勘が働いて歩き出しました。すると皆がキャンプファイヤーを囲んで楽しんでいる最中でした。

私はほっとして、体調が悪かった事と遅れてしまった事を謝り、仲間に加わりました。それでも私の中では、なぜだか心と体の調子が一致していないような、噛み合っていないような感じがしていて気になっていました。ただ、睡眠をとったおかげで、だいぶ体のだるさと頭痛は治まっていました。キャンプファイヤーは、歌ったり、踊ったりで楽しく盛り上がり幕を閉じました。

実は私は、午後四時頃、自然塩の入ったバスタブで体を清めてもいっこうに具合がよくならなかったので、日本にいるサイキック・カズ・エナミ氏にメールでその事を伝えていました。きっとこれは自分一人では対処し切れない出来事が起きているのだろうと感じ取っていたからです。

夕食をとっている時、サイキック・カズ・エナミ氏からメールが届いているのに気づきました。

「毎日のプログラム、大変ですね！　マナミさんからのメール状況から、霊的に入体あり、と感じ、霊界ビジョンに切り替えてよく見てみた所、付近に二〇〇年間住みついている自縛自然霊のうちの三体に頼られて、体の中に入っている事が分かりました。しばらくジッとしてとりついていましたが、先ほどこちらから因縁引き離しパワーを送り、時間をかけて説得してみた所引き離しに成功したので、無事離れてくれました。もう大丈夫です！　これで自然霊に対する免疫ができたので、かえってよかったですね！　また、スリランカの自然霊に頼られたという事は、ヒーラーとして今まで以上に確実に一段ステップアップしたという証拠なので、安心して授業を受けて、テクニックを磨いてください。周囲には、信玄公を始め、いろいろなプロフェッショナル・エナミ軍団が三〇〇〇人はついて、日夜ガードしています。自由自在に研鑽に励んでください！」

やはり、今回の件は、今までのように悪念波や霊的なエネルギーがアクセスしてくるというような経験とは異なり、なかなか自分の体から引き離れないという状態で、まったく初めての体験でした。

夕食を食べ終わる頃には、心と体が一致してきて、体調も戻ったように思いました。部屋へ戻ってから、「大変ご心配をおかけしました。ありがとうございます」とサイキック・カズ・エナミ氏のいる日本の方角へ向かって心からの感謝の念を送りました。

⑤天使と妖精たち

私たちはペーラーデニヤ植物園という、キャンディ観光には欠かせない場所を訪れました。総面積は五・六㎢あり、丸一日あっても歩き切れないほどの広大さで、植物の種類は四〇〇〇種以上という規模の植物園でした。歩くたびに今まで見た事もない大木や不思議な枝を伸ばしている木、様々な花などを見かけ、興味深く見入ってしまいました。

ここは一八二一年に植物園として開設されましたが、それまでは一四世紀の王パラークラマ・バーフ三世が王妃のためにつくった庭園として知られていました。そのため、別名ロイヤル・ガーデンとも呼ばれています。園内には、その宮殿の遺構があちこちに残っています。

さすがに全部を回り切ることはできませんでしたが、自然の素晴らしさと植物の生きるエネルギーや穏やかなパワー、そして歴史ある大木に圧倒されっぱなしでした。

しばらく進むとガイドスタッフのＫさんが、流暢な日本語で「実は、あの木の実（ココナッツ）は、今もあのように大きい実をしていますが、さらに、五～八年しないと熟しません」と教えてくれました。

その実はすでにとても大きな実になっているのに、さらにそんな年月をかけるのか、と非常に感動し、この大木と一緒に記念写真を撮ろうと思いました。

一緒に参加していたカスミンを呼んで、一緒に参加していたＹさんにシャッターをお願いしました。すると、「あれ？　何だか白くなっているわよ、見て」と言われたので、そのデジカメの画面を見ると、私たち二人の体が白くぼんやりとしていて、オーラか霧のようなもので包まれています。「え？　何これ？　ハレーションを起こしちゃったみたいですね、もう一枚お願いします」と言って続けて写真を撮ってもらいました。今度は、少し白いけど、先ほどのようなものもなく、自分の着ている洋服が全身白だったからかな、と内心思っていました。

日本に帰国後、サイキック・カズ・エナミ氏にこの不思議な写真を見せると、

「んー、これは天使や妖精が写っているねぇ。ほら、この木と木の間の白くなっている所が、天使や妖精たちの通る場所で、出入り口になっているね！」

「え！　本当ですか？　あ……よくよく見ると羽根をつけた人間の姿をしている形が見えます。これって、あの、ディズニーの世界に出てくるティンカーベルにそっくりの形ですね‼　すごい、妖精です」

と私たち二人は大興奮してしまいました。

私はいまだに肉眼で天使や妖精を見た事がなかったのですが、その存在は信じていたので、このように写真で、誰でも確認のできるものを残せた事がとても嬉しいのです。

とても不思議な写真です。

⑥ドアの外

このスリランカの研修では、一人一部屋の個室が用意されていたのですが、私とカスミンは、お互いに霊的な訪問者がきてしまうため、サイキック・カズ・エナミ氏から同じ部屋で過ごすように指示を受けていました。幸いベッドも大きめで、眠るのに窮屈さは一切感じませんでした。

スリランカに着いて、次の日からだったと記憶しています。

アーユルヴェーダのカリキュラムは、内容が豊富なためゆっくりと夕食をとった後、少し休んでお風呂に浸かると一二時を回ってしまうという毎日でした。自然と時間が経つのも早く感じました。

その日、次の日の準備をしていると、カスミンが「マナミさん、今、ドアのノックの音が聞こえませんでしたか？」と言うので、「聞こえなかったわよ」と答え、お風呂に入ろうとしてバスルームへ移動する時に、「トントン！」と誰かがドアをノックしたので、「はい、どなたですか？」と言って、返事を待っていたのですが、返事はありません。

慎重にドアを開けてみましたが、そこには誰もいませんでした。万が一、誰かがノックをしても真っ直ぐ見渡せる廊下です。

（こんな夜中にイタズラをする人もいないだろうし）と思いつつ、お風呂に入っていると、また聞こえてきたのでカスミンに出てもらいましたが、やはり誰もいないのです。目に見えない訪問者なのでしょう。

次の日もドアの外には誰もいないのに、ノックの音がする状態が続いていましたが、同じ参加者の方が遊びにきたりもするので、一応返事をしてからドアを開けていました。そんな事が度重なり、どう考えても友人ではないなと思う時には、ノックの音が聞こえても無視する事にしていました。

怖いという気持ちにはなりませんでしたが、不思議な出来事の一つです。

第3章

目に見えないものの存在

I

信玄公からのプレゼント

武田信玄公ゆかりの寺、恵林寺《えりんじ》。

信玄の遺骨は遺言により、かたく喪を秘して山梨県甲府市の躑躅《つつじ》ヶ《が》崎館《さきやかた》に函し、三年を経た天正四（一五六七）年四月一六日に葬儀を恵林寺でおこないました。諸説ありますが、信玄の墓は当時のままではないが、恵林寺にあるとされています。

私は恵林寺へ向かった。

塩山駅から恵林寺までは、通常タクシーで一〇分～一五分かかると言われていますが、私は約一時間をかけて歩いて行きました。

夏の暑い日でした。

なぜ恵林寺かというと、サイキック・カズ・エナミ氏にパワーを授けているうちの一人が武田信玄公だからです。少しでも近づきたいという気持ちから、恵林寺へ向かったのです。偶然にも、恵林寺は初めて行く場所ではなく、小さい頃に家族や親戚と訪れたお寺でもありました。境内には茶屋があり、昼食をとったり、甘い物を食べたりした思い出も残っています。

お寺の参門を入って行くと、風林火山の旗があり、向かい風がザァーッときて、一時の涼を感じさせてくれました。

恵林寺の中は拝観できるようになっていて、うぐいす廊下、回廊、お墓、池、苔が生えている大きな杉の木や石といったものは昔と変わらずそこにありました。一通り見学し終わり、資料館へと足を運ぶと、そこには『甲斐国古文書』『甲陽軍艦』や武器の鐺、刀剣、兜、鎧、そして自害するための小刀などがショーケースに展示されていました。

私は、鐺や刀剣よりも兜の展示を見ると頭が痛くなり、真っ直ぐに立っているのが辛くなってきました。そして、姫君が自害したと思われる小刀の前に立つと、物哀しくなる気持ちと共に、これで喉を掻き切ったと思われる血の痕がうっすらと残っているように見えて、暗い気持ちになりました。もうこの頃から、頭痛はひどく、胸はムカムカとして気持ちが悪く、息苦しくなり、二階の展示室へと上がって行きました。

二階を見ていても具合はよくならず、見学を終えて外へ出ました。資料室の窓は閉め切られていて、かなりの密閉空間になっているため、余計に重く感じたのでしょう。実際に着ていたという兜や鎧は、そこに残っている重たい波動がぐわぁっと私の体全体にやってきて、体は重くなって、だるくなり、頭も痛くなって、立っていられないほど体にきつくのしかかってきてしまいました。その作用で、体全体がむくんでしまいました。

しばらく外気と太陽の光を浴びながら資料館脇の茶屋で一休みしながら散歩を続けていました。まだ四時でしたが、山に陽が隠れるとすぐ暗くなってしまうので、お寺の門へと向かって元の道を歩き始めました。お寺に着いた時のように、心地よい風が、今度は後ろからザァーッと吹いてきました。なぜだか応援をしてくれているような気持ちになりました。

と、その時です。

ゆっくりと土を踏んでいた私の左足のふくらはぎに、透明なカプセルのようなものがそぉーと入れられたのです。それは円柱のような形をしていて、両端がすぼまっていて、長さ一三cm、直系五cmほどで、透明で、硬くも柔らかくもなく、滑らかな物体でした。

ふくらはぎに対して、カプセルの下から斜めに入れて、最後に上側を押し込むような感じで入れられました。特に痛みもなく、すぐに馴染んで何の違和感もありませんでした。

風はまだ後ろから吹きつけ、送り出されているような気がしてなりません。「頑張れよ！」と信玄公の言葉が聞こえてくるようでした。

私は恵林寺を後にし、坂道を下り始めました。ふと見ると富士山が見え、素晴らしい景観が広がっていました。

――其疾如風　其除如林　侵掠如火　難知如陰　不動如山――

（其の疾きこと風の如く、其の徐《しず》かなること林の如く、侵掠すること火の如く、知りがたきこと陰の如く、動かざること山の如し）

きっと透明なカプセルは、目印として入れられたのだと思う。これからの大混乱がくる時に備えて。

Ⅱ

霊臭

生きている人間が歳を重ねると加齢臭と呼ばれる臭いを発し出します。では、霊はどうなのでしょうか。

私が経験した中で多いのが、特有のおならのような、下水の臭いのようなものです。

ある時部屋の中がすごく下水の臭いがしたので、一緒にいた友人二人に「おならした？」とつい聞いてしまいました。二人ともしていないと言うのですが、臭いは消えるどころか、ある場所だけが臭うのです。トイレが近くにある訳でもないので、不思議でした。

また、別の時には、友人の体の周りから雑巾の生乾きのような臭いがしてきて、「何か臭いよ」と言ったのですが、本人は全然気がついていないようでした。

後日サイキック・カズ・エナミ氏にこの話をすると、下水の臭いがするのは、霊の臭いだと言うのです。

確かに部屋は薄暗く、天井近くではラップ音もしていて、嫌な感じだったのですが、まさか臭いでアピールしているとは、驚きでした。サイキック・カズ・エナミ氏は、一体ではなく複数が集まっていたと言うのです。

雑巾の生乾きのような臭いは、悪いエネルギーが出ていく時に発せられるそうで、友人自身はまったく気づいていませんでした。

私はそういった二種類の臭いを感じる事ができるのです。

その他には、都内のあるホテルに泊まった時、三時頃チェックインをして、部屋に入った瞬間、焼き魚の焦げたような臭いがしたのです。ちょうど近くに換気扇があったので、空調を伝って部屋に漏れているのだと思っていました。

しかし夕方になっても、夜になっても、翌朝目覚めてみても、その臭いが消えないのです。そして、暖房が効いているはずなのに、肌寒い二日間を過ごしました。

この話もサイキック・カズ・エナミ氏に聞くと、

「もしかしてそれは○○辺りの場所でしょう？　その近辺で戦時中に亡くなった人がたくさんいてね、丸焦げの死体とかの臭いだよ。兵隊さんがきていたみたいだよ」

と言うのです。確かに夜中ラップ音もしていたので、なるべく無視していたのですが、すでに近くにきていたのです。

よくサイキック・カズ・エナミ氏が「薔薇の香り」は、私たち生きている人間にとって、高貴でよい香りに感じますが、霊にとっては耐え難い香りで、その場所にはいられないと言います。つまり、霊にとってみたら、まさに人間には耐え難い下水の臭いのようなものを好むのでしょう。

この事を活用して「薔薇の香り」と「サイキック・パワー」を合わせ、製品化したのが「サイキック・ポプリ」です。

また、サイキック・カズ・エナミ氏から伝授され、薔薇の香りを指二本を使って出す事もできるようになりました。ただ、波動や波調の悪い所では出しにくかったりするので、今の所は、毎回うまくいくとは限りません。

最後に、伽羅の香りをご存知でしょうか?

以前、サイキック・カズ・エナミ氏と私とカスミンで部屋にいた時、突然今までに嗅いだ事のないような素晴らしい伽羅の香りがどこからともなくしてきたのです。

「何か香りませんか?」

「何だろう、何かお香のような香りだねぇ」

「あの、すごい大きな人が見えるのですけれど……。五ｍくらいあって、顔は見えません。何でしょうか？」

「釈迦属だね。お釈迦様の系列だよ」

その純粋な伽羅の素晴らしい香りは、しばらく部屋中に漂っていました。その香りは、お香などの人工的な香りではなく、高貴で、この世の香りとは思えないほどの深さで、その香りの中にいるだけで心身ともに浄化されていくような気持ちになりました。

この不思議な体験は、私とカスミンがスリランカへ行く一カ月前の出来事でした。

III

剣で斬られる

暗闇の中で私はなぜか目を開けて仰向けになっている。

すると突然、目の前に銀色のギラリと光る長い剣、太刀のようなものが、私の左肩目がけて切りつけてきました。（うわぁー、斬られる！）と思ったと同時に、左の肩と腕の間に剣が入り、斬られてしまいました。私は、動く事ができず、でも不思議と痛みはなく、剣は肩と腕の間をすり抜けていきました。

そこでハッと目が覚めました。

朝方で陽が出ていないため、部屋は暗く、目を開けても暗闇でした。私は急いで左の肩と腕がちゃんとあるかを確認して、明かりを点けました。

なぜいきなり剣だけが斬りつけてきたのだろう。人の姿はなかったし……。これはきっと何かのメッセージだろうと私は思い、光を放つようなキラキラ光る剣を考えてみました。

そうです。私のお気に入りのエンジェルカードには、天使ミカエルが光を放つ剣を振りかざしている絵があります。

そうか、「Change! You can do it!」のメッセージがきたのかも知れない。大天使ミカエルは、光の剣を持ち、私を無関心や物事を先延ばしさせるように縛りつけている臆病な繋がりを断ち切ってくれようとしているのだ。きっと私に、「人生を変えて、心地よい場所を越えて、動き出す勇気と強さを持ちなさい。勇気を出しなさい。あなたにはできる！」というメッセージを送ってくれたのだ。

その頃の私は、迷いもあり、自信を失いかけていて、状況を変えるにも自分を見失い過ぎていました。

私はそのメッセージが気になり、サイキック・カズ・エナミ氏にその意味を尋ねると、「変わりなさい、という事ですよ」と答えをいただきました。やはり自分を変える事だ、問題を後回しにせずに、まずは行動を起こす事だ、と確信しました。

メッセージ性の高い夢はそれからも度々見続けました。朝方に多く見るため、起きてすぐ書きとめられるよう、枕元の近くにメモ帳を置くようにして眠りについていました。

Ⅳ

外苑の怪

今から一〇数年前の一月初旬の事でした。

仕事帰りに私は、私と友人を含めた三人で病院へ友人のお見舞いへ行きました。面会を終え、七時頃病院を出ると、友人の一人は近くの駅から電車で帰って行き、残った私たち二人は、話をしながら木々のある道をのんびりと歩き出しました。一月初旬だと言うのに、その日はそれほど寒くもなく、そんな生温かさが、私たち二人を散歩道へと誘ったのでしょう。

四分ほど経った頃でしょうか、二人でとぼとぼと歩いていると、右側の曲がりくねった坂道の上から一人の女性が歩いてきて、私たちと同じ道に出てきました。その女性は地図の書いてあるような白い紙を持っていて、それを見ています。道に迷っているようでした。街灯が光を照らしているのですが、帽子を被っているので顔は影になっていて見えませんでした。

私たちは特にその女性に注目する訳でも、立ち止まる訳でもなく、先ほどと変わらないテンポで歩いていましたが、よくよく考えてみると、今、後ろにいる女性が下りてきた坂道は、高速の車が出てくる車道のはずでした。

そんな所から人が歩いてくる訳がない。

「さっきの人、人間じゃないよ」

「え？」

「とにかく、もっと明るい所に出るまでは走るからね！」

そう言って、私たちは荷物を持っている事も忘れ、全力で、とにかく走りました。後ろを振り向かずに、ただただ走りました。

徐々に明かりが見えてきた時、後ろから「私は……で……」と女の人の声が聞こえてきました。自分の事を説明しているような口調でした。

やっと明かりに照らされた場所まで辿り着き、ここまでくれば大丈夫だろう、と肩で息をしながらも、一息つこうと走ってきた方を振り返りました。

すると、なんとさっきの女性が息も切らさずに三ｍ先の道に佇んでいるのです！

片手で地面すれすれに紙袋を持っていて、足はローファーのような靴を履き、顔が……ない。

友人と私はパニックになり、友人は赤信号なのに急に歩道へ飛び出そうとしました。

「危ない！　戻って！」と私は友人を引っ張って引き止めました。

そうこうしている間に、気がつくとさっきの女性が消えていました。

今まで人通りもなく、車の一台も通っていなかった道路に、急に時間が動き出したように、ザァーと車が通っています。

「今、走ってきた最後の辺りから、あの女の人が私に話しかけてきたのよ！」

「え!?　私には、後ろから耳元で『きゃあー』って悲鳴が聞こえて」

「私もまさかここまで迫ってくるなんて思わなかったけど、何で息切れもしないで普通に立っていられるんだろう」

やはり人間ではないのだろう。

その佇んでいる所からは、こちらにこられないようでした。私には、最初から人間ではないと直感で分かっていたので、ここで事故に遭ったという事を説明してきたのでしょう。友人は別に私が気にしているほど信じようとしていなかったから、「きゃあー」という悲鳴だけを伝えたのでしょう。私はなぜか確かめたくなり、「戻って確かめてみる！」と戻ろうとした時、今度は友人に引き止められました。

私たちはそこを離れて、明るい街中に出ました。それでも一度、足元の方から、友人には小さな悲鳴が聞こえ、私には猫の鳴き声のような音が聞こえて、二人同時に顔を見合わせ、小走りに歩いて帰途に着きました。

後日、この話を先に帰ってしまった友人に話すと、

「えー？　ホント？　あの日はすごく寒くて寒くて、とても一駅分も歩こうなんて気がさらさら起きなかったわよ」

と言うのです。

寒かった？　私たち二人には生温かい風が、ふわーっと吹いてきたから、「歩こうね」という事になったのに……。

この一件以来、私は、「どんな事があっても、パニックにならないよう努力する事」を大切にしています。もしあの時、お互いが同時にパニック状態になっていたら、車道に飛び出して車に撥ねられていた可能性が高かったでしょう。それでは相手の思う壺です。あの女の人は、あの周辺で事故で亡くなって、寂しくて仲間に引き込もうとしていたので

しょう。

ああいった状況でパニックにならないようにする事はなかなか難しいですが、ある意味経験ができてよかったと思います。

皆さんも惑わされないように気をつけてください。

目に見えない存在たちは、私たちの心理状態を突いて試してきます。隙をつくらない事が大切です。

それでも私は、そのエリアには、いまだにあまり近づきたくありません。

V

魔界の印

昨年の一一月中旬頃に、非常にリアルで、実は今でもあまり思い出したくないような夢を見ました。

夢の中で、私はエスカレーターに乗って、下へ下へと二階分ぐらい地下へと降りて行きました。段々とホームが見えてきて、右側の列車に乗らなければならない、と思い、発車のベルが鳴り始めた列車に飛び乗りました。手に持っているチケットには座席番号が記載されていて、赤い字で「13」、もしくは「19」と書かれていました。

私は列車の中で進行方向の前へ前へと進み、チケットの番号と合う座席を懸命に探しています。でもいくら探しても、その番号が見つからないのです。

また後ろに戻って確認しても、その車両の後ろ側にはありません。やはり前の方だと思って、再び前へ進んで行きます。先ほどの所までくると、もっと前だろうと思いさらに進んで行きました。

　すると、列車の先頭部分が全面ガラスの窓になっているのが見えました。そこまで進んで行こうとすると、小学校の高学年くらいの男の子が私の前に現れて通せんぼしてきました。それでも何とか前に進もうとしているのですが、子どもがどきません。

　前のめりになって運転席を見ようとしているのですが、その車両には運転席がないのです。周りに座っている人々は静かで、話し声一つ聞こえず、黙って座っています。今思うと、その人々はモノクロに見えました。列車もモノクロでした。そして走り続ける列車は先頭部分のない全面ガラスの窓でした。しかし敷かれているレールはしっかりと見えるのです。

　私はあるはずの車両がないので、もう一度後ろへ戻ろうとした時、子どもが後ろから私の髪をすごい勢いで引っ張り、はがいじめにされてしまいました。周りの人々は誰も助けてくれず、無関心なままです。そして突然目の前が暗闇となり、記憶が途切れてしまいました。

　しばらく時が経ち、意識だけが戻り、まだ目は開けていない状態の時に、私の右側の鎖骨の上辺りにマジックのようなもので、ナンバーが四文字書かれ、次に左側の鎖骨の上辺りに「W」というローマ字のような文字が早いスピードで書かれました。と、その瞬間、目を開けてみると……私の体に十字に線が入り、切られて内臓が全部見えてしまっているのです！　なぜこんな事になったのか見当もつかず、自分の中で「なぜ？」を繰り返しています。不思議と痛みはありませんでした。

その切られた線は、鋭い刃物と言うよりは、レーザーのようなものでスパッと切られたようでした。血もまったく出ていませんが、下を見ると自分の動いている内臓を見る事ができてしまうのです。

私は、ショックのあまりハッと目が覚めました。

目からは涙が流れていて、すぐに明かりを点けました。切られた……私の体……とぼーっとしながらも、本当に切られていないかを何度も確認しましたが、もう眠る事はできませんでした。

そして忘れないように夢の出来事を事細かに夢日記に書き綴りました。心臓はまだドキドキしている状態でした。

数日後にサイキック・カズ・エナミ氏に話してみました。

「それは魔界に行く列車だね。その先頭車両のガラス窓の先が魔界」

「魔界？　なぜ私が……」

「その数字はナンバーをつけられたのだよ。そしてその文字は『W』ではなく、『3』。後三年で結果を決める、つまり、三年間で色々と結果を出さないといけない、という事だね」

「えー？　あと三年……。しかも、そのガラス窓の近くに行っていたら、私、危なかったのですね？」

「だから小学生の男の子が前へ行こうとするのを阻止したでしょう？　それは信玄公の家来が守ってくれたのだよ」

「そうだったのですか……。私はその列車に乗らなくてはいけない、そして席を探さなくては、と何か強い使命感のような気持ちを持っていたので、全然気がつきませんでした」

「その列車はどんな感じだったのかな？」

「今思うとまるで新幹線のような感じで、もっと無機質な未来的な内装だったかもしれません。乗っている人々は始終静かで、誰一人として話をしていませんでした。しかも私が叫んだりしていても、誰も気にしなかったのです。もちろん助けてもくれませんでした。カラーではなく、モノクロ、むしろセピア色のようなモノクロだったような……」

私は後三年間、試されているのだな、と痛感すると共に、あの夢の中であのまま魔界へ行ってしまわなくてよかった、とつくづく思いました。

そして三年後。二〇一二年一一月中旬頃までに結果を出す事に決意を新たに心に誓った。

その後、数日間は夢で見た十字に切られた部分が、所々沁みるようにチクチクと痛いのが、現実と夢の狭間とも言える予知夢の証拠となるのでしょうか。

Ⅵ

エネルギーを吸う石

私は知人の紹介で、一風変わったサンドバス（砂風呂）に入りに行きました。そこは通常のサンドバスのように、砂の中に入るのではなく、ある特殊な岩を砕いて、加工した小さな粒状の中へ入るのです。疲れもとれて、血行もよくなると言われていたので、私も楽しみにしていました。

あいにく知人は多忙のため、一緒に行けず、私は一人で行く事にしました。そのサンドバスは一人ずつ入り、その人の体温や体の調子によって数分単位で入浴時間も違いました。私は一回目に行った時、体も温まり、爽快感も味わえたので、二回、三回と通っていました。四回目に友人と訪れた時、私は今までとは違う事に気づきました。今まで入ったどの回よりも温度がぬるいのです。

「おかしいなぁ、今日は何でこんなにぬるく感じるんだろう……冬だし、私の体が冷えていたのかな？」

少し肌寒さすら感じながら、そこを出て、少しだるいまま、友人と都内へ向かう電車に乗りました。やたらくしゃみが出て、風邪かな、と思いつつ、しばらくぼーっとしていると、友人はインテリアショップに行くと言って、先に電車を降りました。

私はその日、サイキック・カズ・エナミ氏と待ち合わせをしていたので、その目的地へ向かいました。

「どこかへ行きましたか？　だいぶエネルギーがなくなって、抜け殻みたいですよ？」

「友人とサンドバスへ行ってきたのですが、そのせいでしょうか？」

「う〜ん、そうだねぇ」

私の携帯が鳴り、電話に出ると、先ほどまで一緒にいた友人からでした。

「私、インテリアショップへ行ったでしょう？　そうしたらね、めまいがして階段の所で倒れちゃって、手すりに掴まっていたから転ばなくて済んだんだけど、びっくりしちゃった」

私は友人に歩けるかどうかを確認して、気をつけて帰るように伝えました。

「一緒にサンドバスに行った友人からだったんですが、めまいで倒れたって言うんですよ」

「そうかぁ、エネルギーを吸い取られたんだね、その石に」

「え⁉　石に？　確かに今日はサンドバスに入った後の爽快感がなくて、体もだるくて」

「その石は、定期的に浄化しているのかな？」

「いいえ、忙しい上に人が結構出入りしているみたいなので、特に浄化するという話は聞いていません。逆に消毒しなくても何の菌も出た事がなく、保健所の担当者にも不思議がられているって、自慢げに話していました。浄化のための時間はないと思いますよ」

おそらくサイキック・カズ・エナミ氏の言う通り、友人も私もよい状態だったエネルギーを一気に石に吸い取られてしまったのでしょう。

最初に紹介してくれた知人は具合がよくなると言っていましたが、人によって違うのです。浸透圧のような仕組みなのでしょう。例えば、サンドバスの石は、Aという人が入る事で、今まで保持していた石のエネルギーをAに与え、石のエネルギーをもらったAはサンドバスに入る前より、入った後の方が元気だと感じる。次にBという人がサンドバスに入る。この人も調子が悪くてきている。Bもまた石からエネルギーをもらい、当然きた時よりも調子がよくなる。さらにCという人がサンドバスに入る。Cは特に病気も具合の悪い所もなく、元気いっぱいで気分転換、リフレッシュのためにきていたとします。そしてCが入ると、C本人はエネルギーに溢れているため、疲労していたエネルギー不足の石は、Cのエネルギーを逆に吸い取っていくのです。

結果、Cの人はどうなるのでしょう。エネルギーを吸われたため、体がだるくなったり、頭痛、鼻水、痰、咳が症状として出てしまうでしょう。案の定私は次の日からは咳が止まらず、痰も絡む風邪をひいたような状態が一週間ほど続きました。決して風邪ではありませんでしたが、友人も同じような状態だったようです。

癌や難病の方々もきているのですから、石たちは非常に疲れているのでしょう。その人たちのエネルギーを補填しているのです。むしろ石たちに「お疲れ様」と言いたいぐらいです。何かしらの浄化の方法で石たちを休ませてあげないと、今後、私たちのような目に合う人もいるのではないでしょうか。

サンドバスに入った後のだるさを湯当たりと言ってしまえばそれまでですが、私はその事があってから、一度もそこへは行っていません。

行く必要がないから、というのもありがたい事ですが。

Ⅶ

女神様との出会い

ある日、風が、そよーっと吹いて、ギリシャ神話に出てくるような白い布をふわっとまとった女神様が現れました。

私の目の前に。

「あなたは、とてもよい事をしましたね。三人の人間の命を救いました。あなたの願い事を三つ叶えて差し上げましょう」

と優しくて落ち着きのある、たおやかな声で、ゆっくりと包み込むように、エコーがかかっているような口調で私に語りかけてきました。

私は、女神様を見上げながら、ぽかーんと口を開けたまま、(こ、これは……女神様だ。すごい、どうしよう))と心の中で思っていました。

しかし突然「願い事」と言われても、何も思い浮かばないし、その場ですぐに返事をし

なくてはいけない気がして、

「願い事だなんて、私は、今、十分ですので」

としどろもどろになりながら、女神様に伝えました。すると、白いモクモクした雲のようなものに乗っていた女神様は、ドライアイスのような霧が立ち込めている中へ消えて、いなくなってしまいました。

私は、ハッと目が覚めました。

（え⁉　今の臨場感溢れる状況って夢だったの？　でも、夢の中だとしても女神様は私を褒めてくださった。直接三人の命を救ったという覚えは、まったくないけれど、三つの願い事だなんて、まるでおとぎ話のストーリーみたい……）

しばらくボーッとして、夢に出てきた女神様の残像とその言葉、夢の中の雰囲気を繰り返し思い出しては、（夢かぁ、夢にしてもリアルだったなぁ）と思っていました。

「三つの願い事を叶えて差し上げましょう！」と突然言われたら、皆さんは何と答えますか？　私には、その場でパッと思いつくことができませんでした。なぜかと言うと、女神様のおっしゃった「三つの願い事」は、本当に叶うのだろう、と直感で分かっていたからです。私は、プライベートな事や物質的な事などの小さな出来事ではなく、もっと人々の幸せや心の平和や安心に結びついていくような出来事を願い事にして、叶えたいと思いました。そんな事を考えていたら、何も答えられなくなってしまったのです。

皆さんも、願い事、しかも究極の願い事を考えてみてください。

あなたにとっての願い事は、何ですか?

その当時はそんな風に思った私ですが、女神様が私の前に現れてから一年以上経った今、三つのうちの一つぐらいは自分の私欲のために、女神様に願い事を叶えてもらえばよかったかなと反省もしています。

人間、少しは欲も必要なのかもしれません。

Ⅷ

テレポーテーション

その休日、私は久しぶりに親戚たちと長野県で観光を楽しむため、車で各名所をめぐっていました。朝の九時には長野県にある美術館、東山魁夷《ひがしやまかいい》館で素晴らしい日本画を堪能し、その後善光寺へと歩き、善光寺の地下にある胎道めぐりも体験しました。善光寺を出て、参道をしばらく歩くと、お地蔵様が並び、その先には名物の一つであるお焼きを売っていました。その頃にはお昼前になっていて、家庭でつくられたという高菜のお焼きはアツアツでとても美味しかった事を覚えています。

次の目的地は戸隠神社でした。戸隠神社は全部で三社あり、下調べをしていなかったので、入り口がどこだか分かりませんでした。少し行くと、神社へと続く階段らしきものと大木が見えてきました。趣のある神社で、中社を散策し、御神木の前で写真撮影をしたりしていました。その日は土曜日で、結婚式も執りおこなわれていました。古い歴史と伝統を持ち、最近では戸隠がパワースポットの一つだという話題もあります。

元の道を戻り、昼食をとる場所を車を走らせながら探していると、大きな駐車場を構えたお蕎麦屋さんがありました。広い敷地と大きな建物に惹かれて早速中へ入って行きました。建物の前には田んぼがあり、蕎麦を育てているようで、蕎麦打ち道場を併設し、お土産売り場には、蕎麦打ちに使用する大きな道具類まで置いてありました。手打ち蕎麦と言うだけあって、注文を受けてから蕎麦を打つため、一五分ほど待ちましたが、コシがあって、蕎麦の風味が奥深く、とても美味しいお蕎麦でした。

そして、最終目的地の小布施へ向かいました。小布施では、観光バスが駐車を優先されるため、駐車場探しには随分と手間取りました。ふらふらと観光をしながら歩いて行くと、葛飾北斎館があり、作品を鑑賞した後、甘味処で栗あんみつを食べて、大満足の長野県ツアーは終わり、帰路へ着きました。

紅葉のシーズンも終盤を迎え、だいぶ空気も冷え込んできた時期でした。途中、高速のサービスエリアに寄った時には、すでに疲れが出ていて、いつ渋滞に巻き込まれるか分からないので、休める時に休んでおかないと、と思い、うとうとしながらも車を降りました。

若干、車の車高が高いため座席から体をずらすように地面へ足をついた時、膝の上に乗せていたカバンから、カチャッと音がしたので地面に何かが落ちたと思い、地面を見ると先ほどまで車内で食べていたおかしが落ちていました。

それでも、何か他に落としたような気がしてならず、車の下を覗いたり、周囲を見回してみましたが何もありませんでした。とりあえず用を足しに、サービスエリア内へ向かい、地面をもう一度確認しながら車に戻りました。大切な何かを忘れてきてしまったような気がしながらも出発し、その日は親戚の家に泊まりました。家に着くと疲れていたのですぐに眠ってしまいました。

次の日の朝、私はカバンの中にあるはずの大切なラッキーチャーム（お守り）の入った赤い巾着袋がない事に気づきました。（どうしよう！　大変!!）とパニックになりながら、叔父や叔母、いとこにも「赤い巾着袋を見かけなかった？」と確認し続け、昨日出かける前に赤い巾着袋を置いたリビングのテーブルの周り、洋服のポケット、ポーチの中、車の中、自宅付近や駐車場、家中を必死に探しました。

でも、それでもありません!!

（あ！　あの時、カチャッと音がした時にもしかしたら落としていたのかもしれない）

私は、急いで長野県のサービスエリアに連絡を入れ、昨日の時間と駐車した場所、落としたと思われる物の外見を伝えて、なるべく早く、今すぐにでもその場所に行って確認をして欲しい事を告げました。「確認ができたらすぐに連絡をください」と伝え、電話を切りました。そしてすぐにサイキック・カズ・エナミ氏にメールを入れて、昨日の状況と今の状況を伝えました。するとサイキック・カズ・エナミ氏からメールの返信がありました。

「大丈夫です！　私が今サイキック・パワーをかけましたので、そのうちに意外な所から発見され、元のさやに戻りますよ！」

私は、落ち着かない気分でその日を過ごしていました。

その大切なラッキーチャームは、私自身をサイキック・アタックなどから身を守るために、お守りとしてサイキック・カズ・エナミ氏からいただいたものでした。その上、（このお守りをマナミさんへ差し上げなさい）とおっしゃった武田信玄公にも大変申し訳ない気持ちでいっぱいでした。

サイキック・カズ・エナミ氏の言葉を疑うつもりはないけれど、いろんな思いが交錯し、私は不安で不安で申し訳なく、正直どうしたらいいのか分からないまま、そわそわしながら二日目を過ごしました。

次の日の一一月九日、私は山梨の親戚の家から中央線に乗って、東京まで戻りました。大切なラッキーチャームをなくしてしまったことがかなりショックで、風邪気味になってしまい、夕方、自宅に着いても食欲もなく、落ち込んでいました。

夜一一時頃、もう考えても仕方がない、そろそろ眠ろうと思って、枕を整えながら持ち上げると、「え!?　赤い巾着袋!!　戻ってきてる。すごい！」と大きな声を出して、自分の目を疑いました。手をつねったり、叩いたりしてから、夢や幻想でない事を確認し、その赤い巾着袋を手にとって眺めてみました。

袋の底の辺りが若干黒く薄汚れていて、折り目がついていないはずの所に折り目がついています。これは、明らかに私が持ち歩いていた時とは違う風合いになっていました。ちなみにその赤い巾着袋は印伝の革でつくられています。

私は中身を確認してみました。一つ、二つ、三つ……七つ、全部ある。私はほっとして、力が抜けてしまいましたが、（もう二度となくしたりしません。本当にありがとうございました。大変申し訳ございませんでした）と心の中で叫び、涙ぐみました。

それからすぐにサイキック・カズ・エナミ氏にメールで報告をし、家中を探してくれた親戚にも連絡を入れました。叔母は、「最初から家に置いてあって、こちらには持ってきていなかったんじゃないの？　どういう赤い巾着袋なのか、今、写メールで送ってみて欲しいんだけど」と言われ、そのようにすると、「確かに、テーブルの上に置いていた物みたいよねぇ」と半信半疑の様子でした。

無理もありません。私ですら驚いているのですから。三日前に長野県のサービスエリアでなくして、東京都心の私の自宅の枕の下にあったのですから。

テレポーテーション⁉　長い距離を経て、時空を超えた物質の移動？

テレポーテーションと言えば、インドのサイババもマジックのように手から物質を出したりしています。

考えてみるだけで私の頭の中は混乱してきて、何だか変になりそうでした。

私の大切なラッキーチャームの入った赤い巾着袋は、（計り知れないエネルギーを発する不思議なサイキック・パワーによって、テレポーテーションした！）としか言い表しようがなく、また、そうでなくては説明のつかない事実なのです。

Ⅸ

ＵＦＯの出現

私は月に一回、ＪＲ中央線に乗って山梨まで向かいます。

天気のよいある日、新宿発の電車に乗り、窓際の座席に座っていました。平日に利用する事が多いため、その日も車内はさほど混んでなく、ゆったりとした気持ちで座っていました。

町並みがビルから住宅街に変わり、緑が多く目に入ってくるようになった頃、何気なく窓の外の上空を見上げると、青い空に飛行機。

と、思いましたが、その飛行機は、速度がずっと変わりません。電車より早く移動していくはずの飛行機は、よく見ると翼がありません。

銀色の物体、ＵＦＯ。

私は、小さい頃から今までに何回かＵＦＯを目撃しているので、そう驚きはしませんのでしたが、久しぶりにＵＦＯを見て、心ウキウキしていました。

八王子が過ぎ、山が深くなって、車窓からはしばらくの間、山しか見えない状態になりました。その間に、その銀色のＵＦＯは忽然と姿を消していました。

アダムスキー型のメタリックな銀色で、高度もほとんど変わらず、一緒に移動している感じで、こちらを見ているような、見守っているような感じに思いました。

次の月にＵＦＯを見た時にも、平日の午後の時間帯に電車に乗っていましたが、その時は、前回に見た時とはまったく違う状況でした。

その日も、いつものように窓際の座席に座っていました。すると突然、ヒーリングを受けている時のように、両方の手の平がジンジンとしてきて、熱くなって真っ赤になり、しびれてきたのです。

（どうしたんだろう……？）と思ったのと同時に、窓の外の上空を見上げると、ＵＦＯが見えました。銀色のメタリックなアダムスキー型です。もしかしたら、私にその存在を知らせてくれているのかなぁ、と心の中で半信半疑になりながら、ＵＦＯに問いかけてみました。（もし、ホントにＵＦＯなら、ただ止まっているような飛び方だけじゃなくて、ジグザグに飛んだり、ハイスピードで急に消えたりするわよね？）

私は、銀色の物体を見ながら、じっと答えを待っていました。すると一分も経たないうちに、ＵＦＯはサァーと空の空間へと消えてしまいました。

私は立ち上がったり、腰をかがめたりしながら、前方を見たり、後方を見たりして窓から見える範囲の空を見上げましたが、どこにもいません。

きっと私の問いかけに、答えを示してくれたのに違いない。テレパシーが通じたのだ。何だか嬉しいような、恐いような、何とも言えない戸惑いの気持ちでいっぱいでした。

その後、suicaで乗車していた私は、車内精算をするため車掌さんがくるのを待っていました。車掌さんがくると、行き先を告げて、ハンディータイプの精算機の処理を待っていたのですが、しばらく経ってから、車掌さんが「あれ？　おかしいなぁ」とつぶやきながら精算機を操作しています。

何度打ち込んでも、最初の画面に戻ってしまうようで、一〇分近く待たされてから、「お待たせしてすみません。何だか機械が壊れてしまったようなので、到着の駅で精算をお願いします」と言われました。

私はすぐさま、ＰＫミッサーだ、と思いました。さっきのＵＦＯの出現で機械に影響が出て壊れてしまったのでしょう。

それにしてもＵＦＯがテレパシーで現れる事を知らせてくれた上、私の質問にもきちんと答えてくれて、なんだか嬉しい気持ちの方が強い。

テレパシーは通じるのです。

X

対談：粛正されやすい人×粛正されにくい人

ここではサイキック・カズ・エナミ氏に質問をした中で印象に残っている事をお伝えします。

（※表記：サイキック・カズ・エナミ氏→カズ・エナミ／マナミ・グレース→グレース）

グレース「二〇一二年からその先へ向かって次元が上昇していくと、体調が悪くなったり、なぜか物事がうまく運ばなくて、鬱になったり……。何だか暗い世の中になりそうですが、どのように思われますか？」

カズ・エナミ「そうだね。どんどん世界の人数が減っていくようになるビジョンが見える。また、細菌兵器のようなもので病気が蔓延したり、自殺者や健康を失っていく人々も増えて、自然災害も増えていくだろうね」

グレース「そのような病気や健康、生きていく上での事故のような事柄から自分の身を守るには、どうしたらよいのでしょう？」

カズ・エナミ「宇宙は、生き残りたいと切望する人の気持ちを受け止めてくれる可能性があるから、『自分自身が生きる価値のある人間だ』と心から思っている人、また、そのような気持ちをアピールしている人は、減っていく人数の中には入りづらいのではないかな」

グレース「では、例えば、『自分には価値がない』とか、自分を嫌いになってしまっている人は、結構、まずい状態になっていくのですね？」

カズ・エナミ「そう。特に、暗い考え方や暗い性格、ネガティブ思考、人に対しても恨み、辛み、自分の現状に幸せを感じる事のない人、感謝のない人たちは、粛正されてしまうんだ。後、『自分』を見失ってしまった人も」

グレース「え!? 粛正とはどういう意味でしょうか？ 治されるって事ですか……」

カズ・エナミ「そう、つまり粛正されて、治ればいいのだけれど、そうでない場合は、生き延びていけなくなる可能性が高い」

グレース「それは……死んでしまうのですね？」

カズ・エナミ「いろいろな事が起こっていくよ、これから」
グレース「そうですか……。やはり、地球に住む私たちは、宇宙からの恩恵を受けて、日々、生きているのに、その恩恵の大切さを見失いかけているし……、宇宙からの試練なのですね⁉　気づいている人は、助かりますか？」
カズ・エナミ「気づいている人はいいけど、混迷の時代に翻弄されてしまい、メンタルも不健康になっている人は、なかなか抜け出すのが大変かもしれない」
グレース「そうですか。波長というか、波動というか、メンタルが傷ついて、トラウマがある方は、だいぶ重たいものを背負っていますし、どうにか、光というか、灯りというか……何とか明るくならないのでしょうか？」
カズ・エナミ「急には無理かもしれないが、なるべく自分に素直になるようにしていく事だと思うよ。人間に完璧な人間は存在しないのだからね。完璧だったら、今のこの世に生まれてきてないはずなのだよ。私たちは、何回も生まれ変わってきていてね（輪廻転生）、前世のカルマ（業）を修行するためにいるのだよ」
グレース「では、今、生きている方たちで自分の修行が、何なのか検討もつかずに、繰り返し、繰り返し同じ事をして、それで人生が幕を閉じてしまう方は、来世（次回、生まれた時の世）で、また、同じ所から人生が出発していくのですね？　私も他人様の事は、言えないのですが……。

実は、私の知人で、いつも、いつも人に裏切られたり、騙されたり、詐欺に合ったりして財をいくら成しても、結局、その財が借財に変わってしまって、すごくびっくりするような案件の相談も受けました。今までの人生で二回とも、なぜか身近な人間がそういった事柄に関与していて、結果、裏切られてしまうのです。その知人は、前世で何かよっぽどな事をして暮らしていたのでしょうか？

私には、そう思えてしまうのですが、すごくよい方なのですが」

カズ・エナミ「恐らく、その方は『徳』がないのだね。前世にその人自身が詐欺師をしていた可能性があるよ。でも、財を成す事ができるのだから、すごい事じゃない？　普通の人間は、そこまでは稼げないでしょう？　そして、何故か借財になる。やはり、その人の持つカルマだね。今が二回目なのでしょう？　人生においての。後の一回が一〇年近く後に同じような事が降りかかるだろうね、その時、起き上がれるかどうかだ」

グレース「え？　その時に起き上がれないと、どうなるのです？」

カズ・エナミ「人生に破綻をきたす、だろうね……」

私は、すぐにでも知人に電話しようか、と思いましたが、以前会った時に、「自殺しようと思っていた」とその方が打ち明けてくれた事を思い出し、思いとどまりました。その時は、「絶対にそのような事はしない」と約束をしてもらい、頑張って仕事を続けていく話をしたばかりだったので、後日、タイミングを見計って、私なりに噛み砕いて、柔らかくその方にお伝えする事にしたのです。

私は、気を取り直して質問を続けました。

グレース「今、生きている間に、前世からのカルマの課題に早く気づいて、しかも、そのカルマを昇華と言うか、解決をして、自分の魂が納得していないと、同じ事を自分の魂が納得するまで経験させられてしまうのですね。きっと」

カズ・エナミ「そうだね。その通りだよ。確かに、人生何十年も生きていると、何度となく打ちのめされてしまう事だってあるけれど、いかなる時も楽しんでしまう視点が少しでもあれば、だいぶ違ってくるよ。人間の一人ひとりには、ものスゴイパワーがあるのだからね！　どんな時でも自分を信じる事が非常に大切なのだよ」

グレース「いかなる時も楽しむ視点？　『違う視点で物事を見る！』という事と同じような気もします。反抗する訳では決してないのですが、なかなか「楽しむ」事すらできない状況になりがちですよ、世の中。混迷の時代ですし。具体的にどのような事をしていけば楽しめますか？」

カズ・エナミ「一つは、趣味に触れたり、没頭する時間を大切にするという事だね。趣味の世界は、年齢が上だろうと、下であろうと、実力次第だし……、先生でも生徒でも、しっかりと正面から向き合えるのだよ。そして、何よりも、争うとか、戦いとか、比較するとか、そういう事はまったくないしね。だから、なるべく、戦うような事をする趣味よりも、皆でシェアし合うものがベストかもしれないよ。例えば音楽とかね。もう一つは、前向きになり、『こんな自分もありかな⁇』と自分に対して素直になる事だよ。生きている事自体に素直になって、自分そのものを認めてあげてください。

　大変な状況も認めて、どうにか楽しんでしまう。きっと、できますよ！　『人生は楽しんだ人の勝ち！』という気持ちで楽しみましょう！」

グレース「私の中では、『楽しんだ人の勝ち！』という所まで、さらに進んでいけるかが若干、不安も残りますが……サイキック・カズ・エナミ氏がそうおっしゃるのですから、もちろん修行して参ります！

いろいろと質問にお答えいただきありがとうございました。これからもご指導宜しくお願いいたします！」

カズ・エナミ「楽しく頑張っていきましょう!!　私の絵は、不思議なパワーがあるので、是非たくさんの皆さんに観ていただきたいものですね！」

サイキック・カズ・エナミ氏は、笑顔で語りました。私は、新たなる旅路へのビジョンを眺めながら、感謝の気持ちで胸がいっぱいになりました。

あとがき

今回、初めての書籍出版に当たり、内容をどのようにするか、様々なエピソードの中から何を伝えるべきか、色々と悩み、その結果、サイキック・カズ・エナミ氏の弟子である、マナミ・グレースとカスミン・グレースが、実際に経験した不可思議な体験を通じて、感じてきた事を自分たちなりに素直に表現しました。

読みづらい箇所も多々あったのではないかと思いますが、より多くの皆様へお伝えする事で、「目に見えない世界の存在」についてのヒントや理解に繋がる事を期待しております。

「本当の話なのかしら?」と思われる方も、もちろんいらっしゃるかと思いますが、受け止め方は人それぞれ自由です。

ただ、確実に地球に対しての宇宙からの粛正は日々続いていくことでしょう!

その事に気づく人、気づかない人も様々です。

まさに二〇一二年からがターニングポイントとなっていきます。

何があっても明るく生き抜く心の強さを持って、前へ進んでいっていただきたいと思っております。私たちも、ご理解ある方々と交流を続けながら、ミッションへと繋げていきたいと願っております。

私が今回初めてサイキック・カズ・エナミ氏の本の執筆のお話をいただいた時に、何度も励ましの言葉をかけてくださった（サイキック・カズ・エナミ氏を通じて、天界からエンジェルネームをいただいている）素敵なおばさまの一人、マダム・ジェルソミーナ様、いつも優しく接していただくバーレル・チェスターフィールド様、世界で活躍中のアーティスト、シュシュ・アンジェリーナ様、自然保護活動に熱心なサロン・ド・クリスティーナ様、最近布バッグづくりに凝っているリヨン・ド・フランソワ・カミーユ様、日々、社会貢献をしているグレース・コウイチ様、そして、私を今まで育て、応援し続けてくれている父、母、妹に心から深く感謝いたします。

最後に書籍出版に当たりご協力いただきましたマリーンの山口様、そして、本に懸ける情熱が迸る青年の目の輝きをしている駒草出版の素敵な会長の井上様、編集をなさっていただき、未熟な初心者に的確なアドバイスをしてくださいました山本様、そして、いつも温かく見守ってくださる㈱加藤物産ヒーリング・アート事業部・代表取締役・加藤一哉社長様、今後も一緒に頑張っていくカスミン・グレース、友人、パワーをいただいているサイキック・カズ・エナミ氏に、心より、愛と感謝を込めて御礼申し上げます。

二〇一〇年八月吉日　マナミ・グレース

DANCING CANDLE

サイキック・カズ・エナミ氏が描いたサイキック・ヒーリング・アート。
三つの時空である過去・現在・未来の三層が
微妙に絡み合いながら表現されています。
リラックスした状態で、自分に素直に、この絵をジッと見てください。
何か感じられますか？

7／30

DANCING CANDLE SERIES

COLLABORATION KATO BUSSAN ;&Co.

8 ／ 30

DANCING CANDLE SERIES

COLLABORATION KATO BUSSAN ;&Co.

17／30

DANCING CANDLE SERIES

COLLABORATION KATO BUSSAN ;&Co.

〈 天使と妖精たち 〉

スリランカのペラデニヤ 植物園を訪れた時に撮った写真。真っ白く光り、ハレーションを起こしてしまったと思っていました。日本に帰り写真をよく見ると、そこには天使と妖精たちが舞い、天使と妖精たちが出入りする道が木と木の間に写っていた。

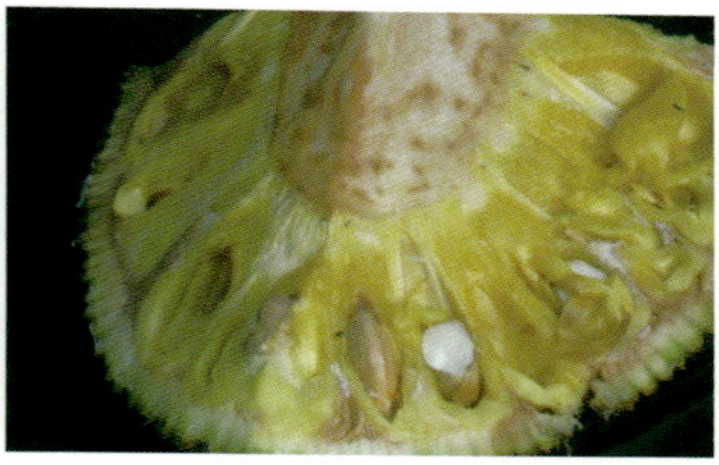

〈 ジャックフルーツ 〉

和名はパラミツ。果実は幹から生じる。原産はインドからバングラデシュと考えられている。クワ科パンノキ属の常緑高木。東南アジア、南アジア、アフリカ、ブラジルで果樹などとして栽培されている。甘く、南国の香りがするフルーツで、食感は独特で粘りがある。

参考文献

『科学者が読み解く環境問題』　武田邦彦　シーエムシー出版
『「地球温暖化」論に騙されるな！』　丸山茂徳　講談社
『地球環境保全への途―アジアからのメッセージ―』　寺西俊一・大島堅一・井上真編　有斐閣選書
『エネルギーを読む』　芥田知至　日本経済新聞出版社
『図説 環境問題データブック』　奥真美・参議員環境委員会調査室　学陽書房
『京都議定書の国際制度―地球温暖化交渉の到達点』　高村ゆかり・亀山康子　信山社
『地球温暖化と環境外交―京都会議の攻防とその後の展開』　田邊敏明　時事通信社
『京都議定書をめぐる国際交渉―COP3以降の交渉経緯』　浜中裕徳　慶應義塾大学出版会
『宇宙「96％の謎」』　佐藤勝彦　角川学芸出版
『図解雑学 仏教』　広澤隆之　ナツメ社
『アーユルヴェーダ』　鮎沢大　サンガ
『武田信玄』　笹本正治　ミネルヴァ書房
『人物叢書 武田信玄』　奥野高広　吉川弘文館
『「原因」と「結果」の法則』　ジェームズ・アレン　サンマーク出版

サイキック・カズ・エナミ

一九五六年　岐阜県出身。アメリカ・グラミー賞アーティストから、サイキック・ヒーラーとして熱狂的な支持を受け、高く評価されている。近年では、サイキッカーとして注目を浴びている。「アイディア発想を引き出す潜在能力の開発」「人間の持つ未知なる超能力（ＥＳＰ）」「サイコキネシスパワー」「21 世紀のフリーエネルギー」を研究。カズ・エナミ・ヒーリング・プログラム体験セミナーなどを主宰。東久邇宮記念会幹事（日本三大宮様賞の一つであり、高松宮様賞、秩父宮様賞と並ぶ、東久邇宮記念賞・文化褒賞として尊ばれている）特定非営利活動法人（ＮＰＯ法人）日本ホリスティック医学協会ヒーリングカウンセラー専門会員。財団法人難病医学研究財団賛助会員。カズ・エナミＥＳＰヒーリング研究所所長。カズ・エナミ・サイキック人生相談室代表。

マナミ・グレース

一九六六年　東京都出身。大妻女子短期大学国文科卒業、昭和音楽大学声楽科卒業。社会教育主事・学芸員の資格を活かし、財団法人に約八年勤務。その後、様々な職を経て、サイキック・カズ・エナミ氏と出会い、弟子となる。スリランカ政府認定組織の団体スリランカ・アーユルヴェーダ医学協会（ＳＬＡＭＡ）のインストラクター資格、日本アーユルヴェーダ普及協会（ＪＡＰＡ）のインストラクター資格を取得。

アーユルヴェーダとサイキック痩身の研究と施術を実施し、その理論を広めるため、ホピ☆サロンを設立。マナミ・グレース・インターナショナル・ギンザ・トウキョウ代表（東京・銀座）。平成 21 年度東久邇宮記念賞受賞。東久邇宮文化褒賞受賞。今回、サイキック・カズ・エナミ氏のサイキック・ヒーリング・アートの魅力を本著で初めて記す。

カスミン・グレース

一九八七年　神奈川県出身。マナミ・グレース女史を通じて、サイキック・カズ・エナミ氏の弟子となる。スリランカ政府認定組織の団体スリランカ・アーユルヴェーダ医学協会（ＳＬＡＭＡ）のインストラクター資格、日本アーユルヴェーダ普及協会（ＪＡＰＡ）のインストラクター資格を取得。ホピ☆サロンにて、サイキックとアーユルヴェーダを組み合わせた痩身の特別メニューを実施(完全予約制)。平成 21 年度東久邇宮文化褒賞受賞。

〈協賛〉
マナミ・グレース・インターナショナル・ギンザ・トウキョウ
（サイキック・カズ・エナミ作品プレスパブリシティ広報部）
〒 104-0061 東京都中央区銀座 6-6-1 銀座風月堂ビル 5 F
電話 03-6215-8247　FAX 03-6215-8700

マナミ・グレース・アートギャラリー・イサワ（サイキック・カズ・エナミ作品展示部）
〒 406-0015 山梨県笛吹市春日居町鎮目 20-1-313

〈協力〉
株式会社加藤物産ヒーリング・アート事業部（サイキック・カズ・エナミ作品管理部）
〒 501-0112 岐阜県岐阜市鏡島精華 1-3-17 岐陽第一ビル 4F

［ブックデザイン］　高岡 雅彦（ダンクデザイン部）
［本文組版］　株式会社 ソオエイ

四次元の扉が今開かれる

エピソードⅠ
世界のセレブを魅了する「サイキック・カズ・エナミ」

二〇一〇年一〇月二〇日　初版発行

著　者　マナミ・グレース

発行者　井上 弘治

発行所　駒草出版　株式会社ダンク 出版事業部
〒一一〇－〇〇一六
東京都台東区台東一－七－一 秋州ビル二階
TEL 〇三（三八三四）九〇八七
FAX 〇三（三八三一）八八八五
http://www.komakusa-pub.jp/

印刷・製本　株式会社 ソオエイ

ISBN 978-4-903186-85-6